在外野的看台上

許又方 著

推薦序

咱耶棒球

吳明益

嫩葉、黃水仙、楓樹、手和膝蓋上的青草味、一直到四月的花，沒有任何事比棒球進入捕手手套的聲音，更能喚醒春天。

Donald Hall, *Baseball and the Meaning of Life*

大學時我曾和一群同學組了一支棒球隊，因為沒錢買球衣，所以大夥去挑了一件有黑、白兩色，上頭畫著一隻鴨子剪影的T恤，分成黑鴨、白鴨兩隊練習。當然也沒錢買球棒，都得跟別人搶借學校的球棒，直到大三時我寫了一篇棒球散文，騙取學校文學獎的獎金買了一隻鋁棒大家共用。大學畢業後，隊員們終於買得起球衣了，很多人也有了自己的球棒，我們取了個隊名叫Toads。這是因為球技不好，怕取太兇猛的野獸反而被嘲笑，所以乾脆搞笑叫蟾蜍們。

幾年過去，投身各行業的老同學位置愈做愈高，成家的愈來愈多，時間愈來愈緊縮，蟾蜍們終究各奔東西。

但我把蟾蜍們的所有物事都留了下來，至今那根二十歲的鋁棒，仍安放在球棒袋裡。哥哥姐姐的男孩們在七、八歲開始對棒球產生興趣時，我帶著他們跑到頂樓，找到球套，抽出球棒的一瞬間，幾個男孩們眼神放光，像看到一把劍、一座球場、一次他們也要重蹈覆轍的青春史：努力記起一長串球員名字、球衣顏色、記錄史，隔天要去球場就睡不著覺，投出一顆軟弱無力的球時，以為自己終於練成了曲球。

哎喲，哎喲，二十年啊咱耶棒球。

我在讀同事又方關於棒球的稿子時，就想起那根球棒，腦袋裡那些我想忘也忘不了的，林林總總的關於棒球的一切。這些記憶像自有生命一樣，會成長、嫁接、移植到另一個人的身上，而棒球書寫，無疑是一種很重要的記憶移轉的管道。在台灣棒球的兩個效仿國度——美國與日本，棒球作家都是一個數量龐大的陣容，但在台灣，卻是經過了很長一段時間，才確立了以網路媒體為主要發聲管道的現狀。我永遠記得年輕時讀到瘦菊子、晏山農棒球評論的興奮感，那些我們得到體育用品店才租得到的美、日職棒比賽beta影帶，那些我們只知勝負，不明「文化」的棒球訊息，不少是靠這些思維銳利、深刻的作者，才得以啟悟（前幾年我則被詹偉雄的棒球文章深深打動）。當兵時我參加了唯一一屆由兄弟隊舉辦的棒球文學獎，頒獎那天我見到評審劉克襄老師，請他在我的小說上簽了名，劉老師的簽名圓圓胖胖的，像三顆小球，這是我唯一一次，請作家幫我簽名。像某種祕密結社，我在心裡頭想，原來他也是球迷啊。

幾年前偶爾見到又方在報上寫的棒球評論，我心裡又浮起同一句話，原來他也是球迷啊。我們一次都沒有坐下來認真地討論過關於棒球的任何事，但透過他的文章，我默默地與他在進行著某些棒球哲學、知識、想像的溝通或辯論。他對野茂的評價，對使用禁藥的思考，對棒球電影的期待，甚至是對一個可能多數年輕球迷一點都不在意的球員劉義傳退休的感受……像是彼此站得遠遠地，左外野手和右外野手的溝通。不是用語言的，而是透過草與草在泥土下相連的根，像接力一樣，透過我們所知的那些棒球場上的足跡傳遞過去。

又方這幾年來投在報紙上或未曾見報的棒球文章即將成書了，我終究得以從頭到尾，把這些文章再讀一遍，重溫讀到文章時內心的激盪。又方的文字直接、不拐彎抹角、強調看球時的反省，我想這和他踏實的學者性格有關，這也就是他的風格，他的棒球。他邀我寫篇文章，我考慮許久，問他能否寫一篇同是球迷這樣的呼應文章就好（寫序我萬萬不敢）？他說沒問題。我帶著這樣的想像，突然想問又方，或者坐在書桌前的球迷是不是聽過一首歌，這是台灣流行樂史上，少數寫給棒球，而且不是職棒官方做來激勵球迷買票進場的那類主題歌。那就是BABOO樂團的第一張專輯（事實上他們只出過兩張專輯）裡的一首叫〈棒球狂〉的歌。

編曲是很動人的手風琴和鍵盤，主唱的林暐哲曾參與了另一張經典專輯《抓狂歌》（一九八九）的製作，這首歌林強還幫忙和聲。歌詞國台語夾雜，第一段和第二段是：「二齒標標／肉黑梭梭／台南來耶超級投手／許金木站在投手板／慢慢準備投出第一球／電視機前的觀眾朋友／看球緊張得不敢去便所／哎喲 哎喲 二十年前的威廉波特／哎喲 哎喲 二十年啊咱耶棒球／一元垂垂／肉軟膏膏／台北出世耶近視猴／少年的我站在鏡耶頭前／慢慢仔擺出超級投手耶姿勢／先皺皺眉頭／再看看捕手／Swood一咧進壘一好球／哎喲 哎喲 大家攏講我瘋棒球。」（我照原專輯裡的用字打出，部分台語用字其實有誤）

寫到這裡，毫不含糊地，我又看到自己少年時拿著報紙摺成的手套，站在鏡子前擺出投手姿態的樣子，我想彼時，只比我略大幾歲的又方一定也在另一個地方這樣做吧？這首歌寫於一九九二年，職棒才三年，如今二十年的時間又快過去了，對我和又方而言，那句「哎喲，哎喲，二十年啊咱耶棒球」恐怕得修改歌詞了。不，也許不用，因為迷上棒球的人總會不斷出現，於是，所謂的棒球記憶與棒球青春，似乎也可以說是永遠停留在某個魔術數字上。

我們希望它凝止不動，希望指尖的痠麻感、球場的青草香氣、充滿汗臭味的球衫、在場邊其實是為別人加油的那個女孩、棒球夢與曾經崇拜的棒球英雄，都在文字裡，凝止不動。於是我闔上又方的書稿（而為此，我要感謝又方這些書稿），想像自己化為偶爾飛過球場上的鳥，從其實已經離去的青春期，那座空曠、無人知曉的球場上飛過。

本文作者為國立東華大學華文系副教授

推薦序

經典回顧

楊清瓏

棒球這一項休閒運動，其過程隨著不同的時間、年代創造了無數的經典人物，但也隨著時間的飄逝，有些曾經叱吒一時的風雲人物卻被人們淡忘了。《坐在外野的看台上》這本書讓人重溫那些曾經叱吒一時的風雲人物之豐功偉業，也讓人回顧建仔過去的雄風。作者是一位「愛棒球」的學者，除了對國內棒球環境深入了解之外，對日本、美國棒球生態也十分熟悉，本書內容有維繫棒球生命的統計數據，亦見激勵人心的見證。作者也經由棒球選手的印證，提出對目前社會、政治亟需端正的建言，值得讀者好好品嘗。

閱讀這一本書，讓我回憶起曾經被淡忘的經典人物，同時也豐富了我球評的內容。

本文作者為緯來體育台球評

自序

我愛棒球

我喜歡棒球，自小如此。即使有人說我「不務正業」，老是把時間花在看球賽、寫球評、作球夢……，但我仍堅定地以為，看一場扣人心弦的棒球比賽，就跟解一道數學難題、思考一個物理法則，或讀一本文學佳作、乃至反省一段人生至理的過程相當。換句話說，棒球對我而言，是物理，是數學，是心理學、生理學、文學、歷史學，是哲學。

為什麼四縫線直球到本壘時感覺會往上竄，而二縫線直球（即王建民最擅長的下沉球）會往下掉？為什麼一到空氣稀薄的Coors Field（曹錦輝前屬科羅拉多落磯隊的主場），全壘打會特別多，而投手的曲球會變得不太管用？這是物理學問題，與「伯努利效應」（Bernoulli effect）及「馬格納斯力」（Magnus force）、「雷諾值」（Reynolds number）等……空氣力學息息相關。

為什麼棒球場的設計，從投手丘到本壘板的距離是六〇．六英呎（十八．

四四公尺），壘間距離是九〇英呎（廿七．四三公尺）？而全壘打牆則至少三〇〇英呎以上？這是根據球的重量（約五盎司，一四二公克）、球棒彈性（擊出的球速約九十七英哩）、人的投球、揮棒及跑壘速度……計算出來的數學問題。

為什麼王建民傷勢復原後卻陷入嚴重的低潮？此則攸關運動生理學與心理學；那麼美國職棒的球員交易、薪資談判、球隊管理、球場行銷，就是不折不扣的經濟學與管理學了。當然，要瞭解這其中的奧妙，不懂美國文化與歷史，永遠只能當個門外漢。Michael Lewis曾寫過一本極好的書，《魔球：逆境中致勝的智慧》（*Moneyball: The Art of Winning an Unfair Game*），介紹美國職棒奧克蘭運動家隊（Oakland athletics）的經營管理哲學，看他們如何以一個小市場球隊、總薪資不及洋基三分之一的規模，卻能在競爭激烈的大聯盟屢創佳績，值得一讀。

那麼，何以棒球又扯上文學、藝術？文學的終極目的在傳達動人的摯情，棒球何嘗不是？當我們看一生困坐於輪椅中、隻手刻苦扶養一雙兒女長大成人的老張伯倫，在「火球小子」賈霸．張伯倫（Joba Chamberlain）為洋基隊初登板時所流下的欣喜淚水，胸中的起伏與激盪，何遜於朗讀《詩經．蒹葭》時的感動？當鈴木一朗舞動手中九百公克的球棒時，就宛若一支揮灑自如的彩筆，靈巧、恣意地將白球化成一道道美麗的弧線，或高或低、或遠或近、或輕或重、或急或徐地落在扇形畫布的每個角落；而且，一朗不僅用球棒作畫，他如飛的腳程（本壘起跑到一壘只需三．七秒）、柔軟如柳枝的身體擺動、藉由腰力彈射而出的美妙傳球，以及如醉拳般幾乎失去重心卻仍能不可思議的揮擊，在在都將棒球原本體育競技的本質提升到藝術表演的境界。也無怪乎《紐約時報》要以「把球場當成畫布」來形容他。

在美國、日本這般棒球沁入平常生活的國家，不知有多少作家、導演、音樂人對棒球深深著迷，因而創作出數量可觀且膾炙人口的文字或影音作品。棒球啟發他們的創作靈感，將球場上汗淚交濡的感動編織到人生的悲歡離合裡，字字真誠且篤實地敲擊我們的心坎。我非常喜歡一部由美國知名童書作家Dan Gutman原著改編的電影*The Winning Season*（台灣譯作《棒球逐夢旅》），描述一位小男孩喬藉著一張古老的球員卡，回到一九〇九年，與當時的棒球明星「荷蘭飛人」瓦格納（由Matthew Modine飾演）交會、互信，以致於終能克服怯懦，勇敢迎向挑戰的故事。其中穿插著愛情、事業的衝突與遺憾，引人深思寬恕與摯愛的真諦，感人至深。

我一直以為，任何學問，最終極的源頭都是哲學，而哲學若不能引領人反省存在的義涵，也是枉然。很多人把棒球只當娛樂，當然也不錯，因為它至少提供你解煩悶、放輕鬆的管道；不過，對我來說，棒球充滿人生的智慧，它是不折不扣的人生哲學。

有人說：「棒球是失敗的運動。」為什麼？美國職棒二〇〇九年打擊率最高的是雙城隊（Minnesota Twins）的Joe Mauer，三成六四的數字看來頗為驚人，但這卻意味著他每一次打擊，有將近六四%的機率會出局，失敗的可能遠高於成功。洋基隊是全美國奪得世界冠軍最多次的球隊（廿六次）[1]，但它已經創隊超過一百年了，換言之，在大多數的年代裡，「北美佬」（Yankees）都是輸家。

棒球場上經歷的失敗永遠比成功多太多，這也就是為什麼贏球如此令人欣悅的原因，但勝利卻不見得是最值得我們凝視的。一九三九年七月四日，一生與全壘打王貝比・魯斯（Babe Ruth）瑜亮情結的「洋基之光」賈里格（Henry Louis Gehrig），因為「肌萎縮性側索硬化症」（Amyotrophic Lateral

Sclerosis，後因他而別稱為「賈里格氏症」），揮淚離開馳騁半生的洋基球場。臨別前他留下令後人永遠傷心懷念的感言：「（因為你們球迷的良善與鼓舞，）直到今天，我都覺得自己是這地表上最幸運的人。」（Yet today, I consider myself the luckiest man on the face of the earth.）面對無可挽救的生命，如此坦然而仍存感激，與這等勇氣及胸襟相遭遇，再無情、猙獰的失敗，再偉大難以企及的世俗成就，都顯得不值一顧了。

前耶魯大學（Yale University）校長、知名英國文學教授吉亞馬蒂（B. Giamatti）於八〇年代捨棄令人尊崇的校長職務，轉任大聯盟執行長（Commissioner of Major League），堂而皇之地玩起棒球來。他老兄這般舉措若在台灣，恐怕會讓崇信「唯有讀書高」的國人瞠目結舌，大嘆不可思議。然而在我看來，人生處處是學問，而任何學問若不能用在思考生命的意義與真理上，終究一點價值也沒有。我沒有吉亞馬蒂的學養，卻十分羨慕他的機運，因為，啊，棒球，它委實豐富了我的人生，帶給我太多啟示……

二〇〇九年十一月一日

1 本文寫作時，洋基尚未獲得第廿七次世界冠軍。

目次

（推薦序）咱耶棒球／吳明益　3
（推薦序）經典回顧／楊清瓏　6
（自序）我愛棒球　8

輯一　台灣之光

沉著、智慧與勇氣—王建民的啟示　20
病魔豈能難之！　23
看見另一顆巨星誕生　26
建仔的隱憂　31
棒球的樂與苦　34
台灣歷史上值得喝采的一天　37
建仔熱豈僅是集體自慰？　41
建仔，你怎麼了？　45
賽揚獎，別急！　49
這小子，有前途　52

建仔輸掉薪資仲裁 57
超進化版王建民 60
一場比賽 65
沒有建仔的日子，怎麼辦？ 69
棒球場上的感動 73
建仔需努力的目標 76
以卡本特為師，建仔莫氣餒 79
當建仔的故事急轉直下 83
全世界最孤獨的地方 86
第一勝的啟示 90
沒有王建民的球賽 93
斯人獨憔悴——建仔何去何從 96
建仔的籌碼 100
台灣真男人 103
建仔的下一步 106
如果王建民加入紅襪隊 109
王建民第二春——關鍵時刻 112

輯二

他山之石

球星與戰爭 116
瓦倫泰的啟示 120
棒球與人道關懷 123
洋基開幕戰投手不一定要小王 126
三千支安打 129
只轉播洋基，對嗎？ 133
老穆能給建仔什麼啟示？ 137
一位父親的眼淚 140
洋基輸了嗎？ 143
托瑞的格調 147
宜積極培養國家級教練 150
洋基球場的倒數開始 153
向野茂致敬 156
棒球歷史學家 160
一個急流勇退的啟示 163
棒球與人生 168
投捕之間 171

球賽．誤判．人生　174
噓聲中的榮耀　177
你看的每場比賽都乾淨嗎？　181
顧人怨　184
從戴蒙談起　188
當棒球不再成為事業　192
唉，馬怪爾　195
什麼！國民隊？　198
換女人打看看　202
棒球統計學　205
最佳回應　209
偉哉！賈拉若加　212
小胡別氣餒　215
誰比較「邪惡」？　218
輯三　國球省思
五年的第一支安打　222
專注完美，近乎苛求　226
致勝之道　229

中華職棒何去何從？ 232
振興職棒，向下扎根 236
群鯨散去 240
他們是世界棒壇的重要資產 243
關懷基層棒球 247
年輕好手不妨一試經典賽 251
中華隊兵敗東京 254
留住人才，刻不容緩 258
中華隊能贏日本嗎？ 260
洋基新球場與中華職棒 263
當小曹遇到鋒仔 267
重返威廉波特 271
從倪福德談起 274
打造台灣的棒球電影 278
高中棒球該用木棒嗎？ 281
（後記）掠過球場的光影 284

輯一 台灣之光

做為一個球迷，不論比賽過程如何、結果怎樣，欣喜或難過，
都必須無條件照單全收——一如面對自己人生的所有遭遇一樣。

攝影／陳怡霖

沉著、智慧與勇氣——王建民的啟示

八天前，他才在聖路易被對手打爆，部分刻薄的球迷甚至諷刺他究竟是不是只靠運氣在投球。昨天他重新站上投手丘，以幾近完封的水準讓隱身在洋基五萬名主場球迷中的小熊「加油兵團」（contingent）斂聲摒息，心中的淒涼尤寒於紐約晴空瞬間掩至的陰霾。王建民用毫不遜於千萬美元身價的表現，向全美收看轉播的棒球專家證明，他雖是洋基的幸運之星，但憑藉的是實力。

除了為低迷的台灣社會、陳濫的電視新聞注入一股欣喜之氣外，王建民究竟帶給我們多少啟示？一個英文不好、名不見經傳、來自地圖上找不到的小國家（很多洋人甚至以為「台灣」是一個什麼東西都生產的公司）、既斯文又秀氣的黃種人，憑什麼能帶著八天前剛吞下的恥辱，站在五萬名全世界最挑剔的球迷眼前，面對全世界最佳棒球選手的挑戰，並且在最後得到所有觀眾的一致讚揚？從他昨天的投球中，筆者看到的是沉著、智慧與勇氣，以及潛藏在背後的踏實與耐心，而這正是在台灣社會已經遺失很久的特質。

他在洋基農場待了五年，忍受小聯盟球員低薪與長途跋涉的艱苦，只為有朝一日登上世界舞台。洋基總教頭托瑞曾經如此形容王建民：「這小子很酷，話不多，但要他做的訓練卻從不打折扣。」這就是踏實與耐心，它原本是台灣人賴以成就傲人經濟的基石，如今卻已然被「光說不練」、「好高騖遠」的惡習所湮滅。

許多初臨大場面的新人都會怯場，特別是在被對手狠狠修理過後，往往會

好球點播

二〇〇五年六月十一日，王建民登上大聯盟第八場出賽，於聖路易挑戰國聯中區霸主紅雀（St. Louis Cardinals），因隊友失誤拖累，投四局便丟了七分（責失四分），黯然退場。六月十九日，建仔再度登板，在主場對抗當時國聯打擊最兇猛的芝加哥小熊隊（Chicago Cubs），以八十八球投完八局，僅讓對手擊出五支安打、失一分，並且投出五次三振。賽後洋基官網以「天上掉下來的禮物」美讚表現傑出的王建民。

變得懦弱而閃躲。但昨天王建民面對小熊時，八十八個投球數中共用了六十個直球，好球數也高達五十七個，顯然他並不害怕實力不遜於紅雀的小熊強打群，展現絕對無畏的勇氣。台灣的現狀又是如何？當漁民海上受辱時，誰挺身面對強權？當農民辛苦的成果泡在水裡時，誰有勇氣承認施政上的錯誤？如果我們不敢逼視自身的怯懦與過失，又如何能從失敗與恥辱中重新站起，贏得自己人的讚揚與對手的尊重？

但除了勇氣顯然不夠，台灣有太多「暴虎馮河」的莽夫，以致遭遇挑戰卻稍為失利時，慌亂而徒留悲情。仔細觀察王建民，不論是被轟全壘打、裁判誤判，或是前場比賽單局大量失分，他都能若無其事地運用所長，一一解決接下來的對手，這是沉著，是智慧，也是危機出現時最需要的能力。

放眼當今大聯盟舞台，王建民無疑是孤獨的，強敵環伺之下，他只能憑藉一身遺傳自台灣古老先民的優良特質，一球一球投出令世人交口讚譽的榮耀。在世界舞台中，台灣一樣孤獨，也曾擁有與王建民同樣的特質，只可惜我們逐漸在拋棄祖宗的庇佑，貪婪、短視、浮誇、虛假的惡習正在侵蝕原本良善的襟懷。若想重新站起，受到世人的尊重，端看我們如何從王建民身上得到啟發了。

二〇〇五年六月廿一日《中國時報》

病魔豈能難之！

王貞治先生日前宣布自己胃部長了腫瘤，將暫時離開職棒。消息傳出，台、日兩國輿情同聲驚愕，焦慮、關切溢乎言表，同時也都衷心期盼「王桑」終能戰勝病魔，重返他畢生澆灌、榮耀的球場。

是什麼讓一個不會說中文、完全「大和化」，畢生處在國族認同矛盾下的中國人同時贏得曾經敵對之兩國人民一致的景佩？是八百六十八支世界紀錄的全壘打？生涯二千八百三十一場出賽（日本第二）、二一七〇分的打點（日本第一），以及九次年度最有價值球員？還是日本職棒總冠軍、世界棒球經典賽冠軍教練的榮銜？在筆者看來，這些都只是數字，它雖然具有不斷提醒世人讚嘆「王桑」成就的意義；但真正推動這些足堪稱為「絕世風華」紀錄的精神，無疑才是王貞治先生最值得尊崇之處。

筆者以為這分精神就是「堅貞」：堅毅、忠貞。

雖然他的母親是日本人，自小未曾踏進故鄉浙江青田一步；但身上揹負的中國姓氏仍使得他在排外情結甚重的日本社會備受質疑，明明事業成就不輸隊友長島茂雄，但日本人還是基於民族情感將「棒球先生」的美名封給了後者，而若不是長島先生忽然生病，他也幾乎不可能獲得帶領國家代表隊的機會。今年世界棒球經典賽前夕，日本記者甚至仍意有所指地問他：「面對中華隊時該怎麼辦？」我們可以想見，王貞治先生在如此矛盾煎熬的環境中奮鬥，他手中的木棒不知承載多少比賽之外的重量，卻能締造出舉世景仰的成就，若非堅毅過人，如何為之？

「堅毅」使他創造非凡的成就，而「忠貞」則讓他的堅毅更形精淬。他自幼秉承庭訓，始終以「中國人」自居，對台灣棒球的支持不遺餘力，且迄今仍然堅持不放棄中華民國國籍——即使這個國籍曾帶給他不少的困擾。雖說如此，但對於實際培育他畢生風華的日本母國，王貞治卻同樣以鞠躬盡瘁的精神來回報她。面對日本記者對「經典賽」的質疑，他不止一次堅定地表示：「雖然身為中國人，要與中華隊決一殊死，他心情極端痛苦與複雜；但球場上只有國家榮譽，沒有個人感情，既然擔任日本監督，絕對會傾全力求勝。」一個是想像中的祖國，一個則是養育他的母親，「王桑」用他身上各一半的血液同時灌注，中國傳統所謂的「忠」與「孝」，在他身上雖然艱苦並存，卻也同時被激揚得淋漓盡致。

有人說：「偉大的成就必然植基於偉大的心靈。」這句話用在王貞治先生身上可謂當之無愧，也正因為這偉大的心靈，讓他完全超越狹隘的民族眼光，並令那些企圖以「身分認同」質疑他的人頓時無地自容，也讓那些滿嘴「愛國」、「忠黨」，實際上卻是數典忘祖、見風轉舵者變得猥瑣而可笑。

在日本，有人形容球場上的「王桑」猶如一位剛毅不屈的武士，任何排山倒海而來的挑戰都不能令其退縮，這是對其堅貞不移之精神的另一寫照，而它既能喚起中、日兩國人民對王貞治的同聲讚佩，那麼，任何身體上的病痛亦不可能輕易征服之，小小的病魔豈能奈他如何！

二〇〇六年七月九日《中國時報》

看見另一顆巨星誕生

等了七年，讓國人引領期盼的郭泓志，終於在美東時間九月八日首度以先發投手的角色站上大聯盟舞台。這位曾經接受兩次湯米約翰（Tommy John）手肘韌帶重建手術，卻能重新登上投手丘，被美國職業運動專家視為「奇蹟」的強力左投，在這場面對國家聯盟戰績最佳的紐約「大都會」（Mets）的比賽中，主投六局無失分，送出七次三振，並且只讓對手擊出三支零星一壘安打（其中兩支帶點運氣），表現可謂幾近完美。而不論是豪邁的投球風格、宛若脫韁野馬般的球路，或是面對危機時的明快乾脆，無疑都在預告一顆閃耀的巨星正準備大放異彩。

或許會有球迷以為大都會隊打不好，是因為對郭泓志不熟悉。但事實上他在今年六月五日就曾經以救援投手的身分對上大都會，一．二局中面對五名打者，送出三次三振，並且幫助隊友解除了失分危機。而日昨這場先發，大都會打者顯然完全無法掌握郭泓志的投球節奏，以致根本難以擊出具有威脅性的安打。即使在第五局無人出局被攻占一、二壘，我們都能清楚看見郭泓志臨危不亂的巨投身影，簡單來說，這場球，他完全憑實力取勝。因此，道奇官網就以「猛烈的勝投」（smashing success）來形容郭泓志，並稱讚他完全「宰制」（dominates）了國聯最佳的球隊。

說郭泓志是「不死之鳥」，諒不為過，而這也是他最值得年輕人學習，最令人感動、驕傲的地方。曾經被大聯盟球探評估二十歲就能登上大聯盟的他，卻因二度韌帶受傷在小聯盟浮沉了六年有餘，其間更必須忍受痛苦而漫長的術後復健，甚至被質疑可能從此無法站上投手丘而暗自飲泣。然而這些折磨並沒有讓他遺忘自已年少時「一定要上大聯盟」的豪願，反而因此激發了更深沉的鬥志，不僅在眾人不可置信的驚嘆中重新站起，更頻頻以手中完全不遜於以往的速球讓大聯盟第一流的打者徒呼何奈。這般不屈、堅毅的自信與風采，全然不輸給已在美國職棒殿堂揚名立萬的王建民，不管未來球運如何，郭泓志都已贏得尊重，一如道奇球團對他始終不放棄的期待與信心般。

郭泓志 圖片提供／達志影像

郭泓志如同王建民，都是當之無愧的「台灣之光」，最重要的是他們都淋漓盡致地詮釋了何謂「台灣真精神」。這兩個球風、性格截然不同的強投，卻都擁有台灣祖輩踏實、堅忍的情性，並將之灌注在所投出的每一顆球中，不斷振奮我們低迷已久的社會氛圍，對台灣的貢獻可謂巨大而卓著。最可喜的是，我們還有多位旅外球星正等著嶄露頭角，如日前才在日本職棒完封中央聯盟首傑中日龍隊的「東方魔術師」姜建銘、被評估明年可能榮登大聯盟的「游擊精靈」胡金龍，以及其他日漸崢嶸的年輕小將等，都令此間人民欣喜期待。

過去一百年，棒球先輩們以汗水澆灌的土壤，如今正要逐漸綻放美麗的花朵，為台灣妝點風華，並將台灣的真精神推揚到世界舞台。

二〇〇六年九月十日《中國時報》

後記

郭泓志雖然在先發表現上始終起起伏伏，但二〇〇七年後，他逐漸成為道奇隊牛棚中不可或缺的要角。二〇〇八年季中，小小郭由先發、長中繼逐步轉任第八局的setup man，在全聯盟投球超過五十局的救援投手中，以最低的一．六七防禦率，獲得全球網路投票三〇．三%的肯定，榮膺美國職棒「年度最佳布局投手獎」的殊榮。二〇一〇年，郭泓志更上一層樓，他不僅創下大聯盟一百四十年來連續三十六打席未被左打者擊出安打的紀錄，同時也締造道奇隊百年隊史最低的投手防禦率（一．二〇）。一個曾經動過四次重大手肘手術的球員，竟還能投出如此水準，令所有美國運動媒體及大聯盟球星紛紛發出不可思議的讚佩聲。

建仔的隱憂

在數以萬計的球迷引頸期盼中，王建民終於回到久違的故鄉。此刻島內情緒似乎早已按耐不住，不少人打算追隨他回國後的行程，準備在親炙這位揚名大聯盟的「台灣之光」時，將所有熱情瞬間迸發。但也有「眼光獨到」的人，看準了建仔身上無限的商機，摩拳擦掌等著藉他海撈一票。王建民無疑為台灣社會注入了一股活力，但筆者也從中看到些許隱憂。

對單純的球迷而言，他們就像「追星族」，希望從偶像身上分享一些人生的風采；但對「在商言商」者來說，王建民無疑是個大型的印鈔機，任何物品只要與他沾上邊，原本毫不起眼的價碼都能立刻洛陽紙貴。於是乎，一場不斷「複製」、「物化」建仔的運動便如風起雲湧般在島內掀起，恐怕將導致另類的信仰危機。

暫略去球場上的表現不談，台灣民眾之所以對建仔如此著迷，除了「時勢」之外，他宛如鄰家男孩般羞澀、謙遜與純真的風采，似乎才是擄獲「民心」的主因——特別與這陣子爆發的政治人物貪瀆疑雲相較之下。換言之，台灣多數民眾對王建民所投注的眼光——若藉用愛情來形容——幾乎可說是「澄澈無邪」。在筆者看來，恐怕不僅建仔本人還無法適應自己的「大明星」身分，一般台灣球迷也都很難在短時間內接受他被「高規格化」——尤其是「高價格化」——的形象，因為這與原先「崇拜」他的部分「動機」落差太大了。

然而，當初以高價簽下王建民的球團、一路為他打點量身的經紀公司，以及渴望藉其光環以利產品行銷的商人們，可不會讓這個千載難逢的機會出現任何遲滯，他們早就計畫好怎麼包裝他、抬高他的價碼了。因此，在王建民還未回國前，一場「限量」的簽名會已經敲定，而且入場費高達五百美元（一萬七千台幣）。在西方職業運動高度發達的社會裡，人們大概早已習慣「擁抱明星，必付出高價」的邏輯，也鮮少用這種慣例來非議有成就的運動巨星。但台灣呢？這場簽名會尚未開始，網路已有人以「富人的party」來抨擊它的「銅臭味」，並直言不諱地表示「王建民」這個名字已經變成了另一個「LV」，離普羅大眾愈來愈遙遠了。

姑且不論這樣的批評是否合情合理，我們都約略嗅到了一股信仰危機。從事實來看，王建民除了是球員外，他還是大聯盟的「資產」，所有任何行動都受到這個組織的限制，在商言商，即使建仔本人並不願意，他仍需受制於人、受制於「行情」。但是，人們很容易遺忘這一點，或許心理上也抗拒接受這個「遽變」，因為他們只想看到原本平易近人、不必花錢也可親睹其容的王建民。如此本來單純到幾近天真的念頭（這種念頭正是之前台灣社會貪婪、唯利是圖的絕佳療劑），一旦被商業包裝（這種包裝也正是大家原先最厭惡的）後的建仔形象所衝撞，兩相矛盾下所形成的失落感，可能會大到難以想像。

或許一開始國人對建仔的傾慕就灌注了太多一個平實職業運動員不應承擔的期待，在民族意識、國家榮譽等光環之下，同時也為他強披上另一層崇高的、道德的袈裟，少數人有著「他怎麼可以如此銅臭」等意識上的反感，也就成了某種自認合理的批判。筆者希望球迷與廠商們都能「冷靜」下來，一者樂觀建仔事業有成後的財富累積，一者稍微為台灣尚未做好心理準備的球迷設想，不要一下子把他包裝得難以親近，否則恐將因信仰的失落而造成行銷上的反作用。

二〇〇六年十一月八日《中國時報》

棒球的樂與苦

王建民在十一日出戰遊騎兵，僅投了六．一局便狂丟七分，對照他前一場幾乎完美的表現，以及被台灣媒體、球迷視為頭號對手的松坂大輔在前一天漂亮的勝投，其間落差肯定令島內「粉絲」沮喪不已。在筆者看來，「較量」絕對是比賽無可避免的心態，然而若要真正享受棒球的樂與苦，攀登此項競技的頂峰，無論是建仔或球迷，必然要克服「較量」這個大障礙。

老子說：「勝人者有力，自勝者強。」拿他人當競爭的對手，固然可以激勵自己進步；然而真正的強者卻不僅要克制「贏過別人」的虛妄成就感，甚至要超越任何個人有形條件（諸如名位、成就、生理狀態）與無形因素（如期待、恐懼等心理狀態）的束縛，才能將「技」提升到「道」的層次。以建仔為例，勝過松坂不過證明他比松坂強而已（而強過松坂者比比皆是），不見得可以證明他已經到了可以掌控任何局面的「巨投」境界；乃所謂的「自勝」，也不是拿後一場表現的「數字」去跟前一場比，而是克服前一場輸球或贏球的感受、克服面對失分危機的恐懼、克服場內有形或無形失誤的干擾、克服球迷期待的壓力，甚至最終超越對成敗、紀錄的得失心，將自己與比賽的律動完全融合，隨心所欲投出每一球，才能真正享受比賽的樂趣。

沒有人喜歡輸球，球員與球迷皆然，唯輸贏本來就是比賽的一部分，就像人生有成有敗、有悲有喜一樣，接受它，才能超越它，也才會有下一場令人滿心期待的比賽，以及人生的下一個希望。我們因為建仔以及小曹、小小郭在大聯盟嶄露頭角，遂令生活多了不少樂趣，我想這種樂趣就像兒時玩「跳房子」時的感覺，即使最後輸了，但真正令人享受的卻是「過程」，在那過程中，我們忘記功課的壓力、忘記父母師長的責備，也忘記生活必經的辛酸，那遊戲在吾人成長的歲月中，每每於最難熬的時候幫我們開釋胸中的窒息，以汗水取代淚水，鼓足腦內的類嗎啡，振奮精神繼續迎向人生的各種挑戰，誰還記得並且在乎自己曾經贏過幾回、輸得多慘？

任何藝術（技術）最高的境界都是「遊戲」，道高一尺的棒球教練都會告訴球員，要學會如何「玩球」，而非如何「打球」，君不聞托瑞教頭的名言總是「享受比賽（enjoy your game）」？我相信以建仔沉穩、內斂的性格，他並不喜歡與人「較量」，更不會因一場完美的勝投或難堪的敗投就失了方寸；但他若想隨心所欲投出擅長的下沉球、融入比賽的節奏，就必然要更向「享受比賽」的境界去參悟。而我們球迷又何嘗不應如此？只要建仔能健健康康、快快樂樂在大聯盟「投一休四」，他出賽的三小時中，總可以為我們分解掉生活中不少的憂苦，誰又在乎他跟松坂孰強孰弱？在乎他是否因A-Rod的隱形失誤而輸掉比賽呢？

二〇〇七年五月十二日《中國時報》

台灣歷史上值得喝采的一天

兩位同樣出身台南的台灣棒球之光，同一天在世界棒球最高殿堂出賽，以同樣的投球局數與比數，為同樣在劣勢中掙扎求進的所屬球隊贏得勝利，這是台灣棒球史上值得喝采的一天，更是令所有台灣子民驕傲感動、必然要好好寫進歷史、令後代子孫知之惜之的一天。

王建民對上響尾蛇（Arizona Diamondbacks）的當家王牌投手、去年國聯賽揚獎得主韋伯（Brandon Webb）。這位被形容為球質重如「磚塊」的下沉球大師，一直是團隊打擊能力普普的亞歷桑納得以與西區龍頭教士隊不分軒輊的關鍵人物，他與建仔兩位同以下沉球見長的王牌對決，在大聯盟可謂未演已先轟動。然而咱們建仔雖說狀況並非頂尖（多休了一天，托瑞說這對建仔往往是個「麻煩」），卻硬是以剛若「鉛球」（響尾蛇教頭Bob Melvin的形容）的

「極品」下沉球技壓韋伯，為洋基隊贏得觸底反彈後的七連勝。

至於郭泓志，上一場勝投已是去年九月八日的事了。歷經季初中繼不順、受傷，以及前一場勝投被隊友失誤搞砸的低潮，這場先發同樣遭遇大都會（Mets）目前狀況最好的投手強曼（John Maine）。小小郭處變不驚，以他拿手的直球與滑球令對手在七局中只擊出零星的五支一壘安打，結結實實為自己掙得一勝，並且讓是夜道奇官網的頭版中，寫滿他如何由三次手術的低潮中重新站起的傳奇。

這兩場各在東西岸上演的比賽，對洋基與道奇這兩支美國職棒歷史最悠久的球隊都具有特別的意義，洋基若贏，勝率重回五成；道奇則是在前面七場比賽中僅贏了二場，只有擊敗大都會，才能重新與教士、響尾蛇共享國聯西區領先的地位。王建民與郭泓志都不負眾望，分別率領球隊以四比一力克對手，讓那特別的意義得以實現；而小小郭更是在第二局時奮力一擊，接著兩位隊友的陽春砲之後，揮出台灣球員在大聯盟的第一發全壘打，道奇球場頓時驚呼震天，那震撼彷彿沿著洛城海濱，穿透太平洋直襲寶島而來，地表在頃刻間歡欣地微微晃動。

是呀，相信全台灣的球迷也都為這二場勝投微醺而搖晃，當天夜裡，大伙兒會有翦燭西窗的共同話題，工作、家庭、課業，乃至國家社會亂七八糟的壓力，都可以暫隨著建仔的下沉球沉入海底，隨著小小郭的全壘打飛出天外。他們兩人的勝投，不僅對洋基、道奇有意義，對台灣島內的百姓更是意味非凡，要我們不因此而膨脹若干民族傲氣實在很難。很難想像，台灣棒球發展一百年後，竟能同時有兩位強投分別代表大聯盟兩支最具指標性的球隊出賽，並且在同一天為球隊贏得關鍵性的一役。當電視畫面不斷重播郭泓志擊出全壘打的畫面，並且特別秀出台灣曾經在大聯盟出賽的四位球星名字時，不僅意味著我們

好球點播

二〇〇七年六月十三日，王建民與郭泓志同日先發，建仔在跨聯盟比賽迎戰響尾蛇，對上同以下沉球見長的韋伯；小小郭則領銜對抗大都會。結果兩位台灣之光同以主投七局、失一分的優異表現，率隊力克強敵、贏得勝利。郭泓志甚至在比賽中揮出台灣球員在大聯盟的第一支全壘打。賽後有媒體用「台灣國慶日」形容王、郭兩人在大聯盟同日的勝利。

的棒球實力已獲得世界級的肯定，同時也象徵著一種希望，與一分啟示。

這個希望與啟示在於：儘管政治層面上，我們在國際間始終處於飄零的劣勢；但只要民間力量持續向上奮發，台灣依然可以在世界舞台上贏得尊重。我的美國朋友告訴我，因為王建民，大多數美國人終於知道「Wang」的正確發音，也對台灣有了更新的認識；在洛杉磯讀書的學生告訴我，因為郭泓志，使他們更容易贏得美國人的友誼，僑胞間也因有了共通的話題而更形團結。政客只為私利爭鬥沒有關係，因為我們可以靠民間自己的力量。

隨著建仔與小小郭在大聯盟傑出的表現，相信美國職棒球團會愈來愈信任台灣球員的實力，未來會有更多寶島球員在他們的「庇蔭」之下更順利進入大聯盟舞台，把台灣百姓不屈劣勢的精神繼續騰昇，也將台灣的好，讓世界看到。

二〇〇七年六月十四日《中國時報》

建仔熱豈僅是集體自慰？

郭力昕教授在「時論廣場」發表大作，質疑輿論將王建民視作台灣「最大」驕傲的奇怪心態，並強調我們應建立可敬的「另類經驗」與「內在自信」，才能更加自在地欣賞王建民，而非依賴他來幫全民「集體自慰」。郭教授的看法有其作為一個知識分子對台灣社會與文化的深層憂慮（雖然他的主要用意應在批判媒體），唯其根據某種媒體表象便間接推論「建仔熱」暗示著一種集體自卑、自憐、自戀的扭曲心理，雖具幾分事實，卻不免過激，而且似有以偏概全之虞。至少在筆者看來，「瘋建仔」並不表示我們缺乏「內在自信」，更不表示我們尚未或無法建立可敬的「另類經驗」，因為早在建仔出名以前，台灣已經有太多人、事、物在國際上贏得尊重（侯孝賢、李安、林懷民……都是）。

其次，職業運動是否如郭文所言，只是中產階級「消磨生命」、第三世界國家人民暫時凝聚民族意識並忘卻各種切身嚴重問題的解悶工具而已？美國職棒、職籃，特別是超級盃職業足球賽（football），幾乎是從總統到遊民都瘋狂的「全民運動」；歐洲人對足球（soccer）的狂熱，不分國家強弱、社會階級，同聲嘶吼、尖叫，甚至到了總理下令為世界盃足球賽停止上班上課的地步。再看看咱們的鄰國日本，媒體對松坂大輔及其他旅美球星的關注（日本記者群一向是採訪美國職棒最大的團體），對棒球的瘋狂，恐怕會令國內傳媒自嘆弗如。

是否美國人、日本人、德國人、英國人……，那些世人眼中的「強國」對職業運動（員）的瘋狂也都僅是一種因自卑、自憐、自戀而起的「集體自慰」行為？或是如郭文所提到的美國職棒般隱喻著某種「霸權」（其實據美國人自己的解釋，職棒冠軍賽稱作「World Series」，是因為參賽的球星來自世界各地）及關連著重大的商業利益？或許都有一點，畢竟人們對某種事物的耽溺，心理機制是很複雜的；但也正因複雜，吾人似乎也不能僅用「自憐自愛」等閒視之。就筆者陋見，對職業運動的熱衷是「文化」的一環，深具家庭與社交的功能，有其不可忽略的「人學」意義，絕非只是陷入「M」型社會痛苦中的中產階級所獨享的紓壓遊戲，或是小國小民自卑心理的寄託而已。

人類學家瑞弗德（R. Redfield）曾將文化區分為「大傳統」（great tradition）及「小傳統」（little tradition），頗近於史學家所提出的「菁英文化」（elite culture）與「普流文化」（popular culture）觀點。這樣的分法雖然不免偏概，但卻在一定程度上反映出社群中所存在的階級性與差異性。不同文化階層的人有其相異的視角與偏好，但無疑都需要某種寄託以覺知其存在感，菁英階層的人可以輕易在深奧的社會、文化或藝術活動中得到啟發或開創見解，但普流眾生的喜悅則往往向易懂易解、較具遊戲性質的領域探索，吾人似乎無法以自身的階級屬性去批判或左右其它階層的文化習性。不過，棒球對台灣人而言，則無疑是一種跨越文化層級的活動，儘管仍有「看門道」或「看熱鬧」的差別，但將它作為一種集體話語與共同歷史記憶的態度則大體一致。如今我們仍津津樂道於當年許金木與麥克．林登在威廉波特的大對決，誰輸誰贏已不重要，民族自尊亦如昨日黃花，但那種聯繫彼此心靈的感動，則並未稍退。

因此，國人對王建民的狂熱，不見得都是極度失意下的「自慰」行為，它一方面與棒球在民間深具連結族群的功能、並具特殊文化義涵有關，另一方面則與建仔展露出的謙虛、靦腆，親切有如鄰家男孩的人格特質無法分割。我們樂見自己的台南子弟受洋人稱讚，大抵與郭教授欣喜於「台灣國際勞工協會」（TIWA）攝影集獲得當代英國著名左翼藝術評論家約翰．伯杰（John Berger）極力推崇的反應略無二致，只是因為棒球「粉絲」遠勝於愛看攝影集的人，所以博得較多新聞版面罷了，說它是「集體自慰」，似乎太沉重了。

二〇〇七年七月廿三日《中國時報》

建仔，你怎麼了？

繼八月九日在多倫多慘遭對手打爆後，建仔在八月十四日對戰金鶯（Baltimore Orioles）又投得跌跌撞撞，馴至許多球迷及媒體都在焦急地問：「建仔，你怎麼了？」網路上更有幸災樂禍者忙著落井下石，說王建民已經如何如何，不能再如何如何了。但，這一切真的「有那麼嚴重嗎」？

在筆者看來，建仔是有「怎麼」，但目前實在還看不出來他有「怎樣」，不過就是陷入職業球員慣見的小低潮罷了。因為長期征戰，身心一直處在緊繃的狀態，職業球員都有會一段「撞牆期」，或者因生理疲勞，無法保持身體最佳的協調性；或者因心理產生「厭戰」、「畏戰」反應，以致不能專注於比賽……這些都是造成表現不佳的原因，是從事職業運動者常見的現象，根本不足以大驚小怪。

更何況，如果我們從建仔今年球季的表現來觀察，便可發現他實在沒啥可令人擔心的——至少暫時是如此。雖然他近十場的防禦率高達四．九〇，跟前十二場只有三．五一的成績不能相提並論；但若容我們阿Q一點，把上一場對藍鳥的比賽看作「極度失常」或「球場有鬼」，暫不列入紀錄的話，則建仔從七月廿九日到八月十四日的先發表現，整體防禦率只有三．八七，五十八局被打六十三支安打，九場先發拿下六勝一敗，平均投球局數六．四局，與他在五、六月的成績相去不遠（二個月總計出賽十一場，七勝二敗，三．五五防禦率，且其中有二場責失在六分以上）。

這麼看來，建仔並沒有真的很失常，他還是很能控制局面，我們不能因為一場球投壞了，就開始對他信心動搖，反之亦然。大聯盟再厲害的投手都可能被一局K.O，事例太多，實在不勝枚舉，熟悉美國職棒的人大都已司空見慣了。若要真的挑毛病，那麼建仔的「問題」應該就是「控球」，但那是今年到目前為止的持續性問題，並不是只有最近才如此，可能與他為了避免對手針對下沉球作攻擊，以致多用了一些不拿手的球路，造成投球協調性降低有關。

此外，建仔對戰金鶯一直表現不佳也是事實，然而，這也是整體性的問題。今年洋基遇到金鶯可謂是一籌莫展，先發投手除了派提特（Andy Pettite）比較正常外（〇勝一敗，ERA三・〇〇；新人Phil Hughes也不錯，ERA三・六〇，但生涯只對戰一次，尚不能當準的），王建民是一勝〇敗，ERA六・八七；老克（Roger Clemens）〇勝二敗，ERA五・八四；老穆（Mike Mussina）更慘，〇勝一敗，防禦率高達一三・〇五（出賽一場，四局被K.O）。至於以往威風八面的守護神李維拉（Mariano Rivera）呢？防禦率是六・七五，並不比建仔好到哪去。棒球就是這麼神，每一隊都有自己的剋星，如果球迷不健忘，去年洋基在上半球季只要遇到魔鬼魚（Devil Rays，後

心碎點播

二〇〇七年八月九日，王建民在多倫多藍鳥隊（Toronto Blue Jays）主場Rogers Centre卯上時任藍鳥隊王牌的哈勒戴（Roy Halladay）。原本被期待的兩位滾球大師對決，卻令球迷頗為失望。因為建仔只投了二・二局就被對手狂得八分後退場。五天後，王建民於主場迎戰金鶯，主投六局失五分，內容亦不甚理想。國內許多媒體紛紛訪問建仔的昔日教練或棒球專家，試圖為他找出「失投」的主因；網上不少球迷也開始無情地「酸」他……

改名光芒隊），每每只有挨打的份，任憑哪個投手上場都一樣。

誠然，建仔是還有進步的空間，但也別忘了，他才在大聯盟投不到三年的球，更何況還要揹負台灣上千萬同胞與全世界最挑剔球迷渴望贏球的壓力，身心的疲憊可想而知。筆者希望球迷多給建仔鼓勵，可以幫他找問題，但千萬別再動輒說他「有問題」、「怎麼了」。

二〇〇七年八月十八日《中國時報》

賽揚獎，別急！

王建民今年恐怕又將與美國職棒投手最高榮譽的「賽揚獎」（Cy Young Award）擦肩而過，此間媒體及球迷不免都感失望。在筆者看來，建仔不過是個大聯盟三年級生，只要維持既有的身手，不斷累積經驗，賽揚獎總有水到渠成的一天。

今年可以說是建仔「豐收」的一年，因為他正朝「全能型」的投手邁進。以往大家對建仔的印象不外是「下沉球」、「滾地球型投手」、「三振少」；而當對手漸漸熟悉他的身段後，不少專業球評也都預測建仔二〇〇七年球季的成績將不如以去年亮眼，頂多十五、六勝光景，反而比較看好來自東瀛的「平成怪物」松坂大輔。不過，建仔用「蛻變」來證明大家都看走了眼，今年他不再只倚靠「鑽石下沉球」（gem sinker，投手教練基德瑞的形容），而是讓大家看到日益穩健的滑球、向右打者內角移動的變速球，以及「會轉彎」的四縫線直球，「滾／飛」球比例雖不如去年懸殊，但三振數卻明顯變多了，並且在大家都把他視為「Ace」的龐大壓力下，已經為球隊貢獻了十八勝。

這樣的「蛻變」雖說還在摸索階段（從他今年成績起伏較大、控球較不穩可以看出），卻已充分說明建仔正不斷在吸取經驗，由青澀轉向成熟，而正是每個賽揚獎級投手必經之路。檢視過去美國職棒的賽揚獎得主，多半在職業生涯的前幾年表現平平，經過數年的「磨合」後才終於發光發熱。七屆賽揚獎名投克萊門斯雖然在職業生涯第三年就拿下賽揚獎，不過他前二年的成績卻僅有十六勝；五屆賽揚獎得主蘭迪．強森（Randy Johnson）則是在生涯第九個球季才拿下首次賽揚名銜；連續四年（一九九二～一九九五）搶下國聯賽揚獎、生涯迄今已累積三百四十六勝（現役投手排名第二）的麥達克斯（Greg Maddux），投了七年才獲得資深記者們的青睞；至於外號「神之右手」（God's Right Hand）、曾獲三屆賽揚榮譽的佩卓．馬丁尼茲（Pedro Martínez），則是登板第六年才得獎。而剛拿下生涯三百勝的葛拉文（Tom Glavine）呢？等了五年。

上面提到的都是名符其實的「大投手」，都已在大聯盟叱吒十五、二十年了，絕不是那種短暫發光發熱便如江河日下的小彗星，而他們也都經歷了一番磨練才終於站上偉大投手的行列。我們當然希望建仔能「及早」獲得賽揚獎的肯定，但看看前輩的身影，進美職才第三年、猶在青黃之際摸索的建仔，球迷似乎是不必太為他心急的。

更何況，有沒有拿賽揚獎真的有那麼重要？連續創下職業生涯十六年、每年至少十勝以上的穆西納（生涯已達二百五十勝），以及二〇〇一年世界大賽MVP席林（Curtis Schilling，生涯迄今二百一十五勝），近二十年的努力都仍無問鼎賽揚獎的機會，但他們的成就與地位，卻絕不遜於前述幾位大投手，依然得到專業球評及球迷的絕對尊重。這麼看來，有賽揚獎加持固然很好，但相信多數球迷都與筆者一樣，更希望建仔健健康康的，能在大聯盟屹立十幾個年頭，讓台灣的球迷在未來的十年間，依舊可以快樂地跟他「投一休四」，豈不美哉！

二〇〇七年九月廿五日

這小子，有前途

自九月十三日擊出個人大聯盟生涯第一支安打（也是第一支全壘打）後，被喻為「游擊精靈」的台灣小子胡金龍表現可謂愈來愈亮眼，除了二十六日在與科羅拉多落磯隊的比賽中，於第四局擊出帶有二分打點並追平比數的全壘打外，日昨與巨人隊交手，更率先突破對方投手的封鎖，在第三局打出生涯第一支三壘安打，不僅為球隊攻下第一分，並且帶動反攻氣勢，讓球隊從四分落後逆轉，可說是道奇贏球的大功臣。

不但攻擊出色（四打數二安打，跑回二分），胡金龍的守備更是傑出，第九局下半獨立完成的雙殺表現固然令人印象深刻，他在第四局處理一記二、游間高彈跳球，移位、轉換重心、快速長傳一壘刺殺巨人快腿Randy Winn所展現的行雲流水般工夫，更可說是技驚四座。此外，第十局下半，小胡更完美地

胡金龍　　圖片提供／達志影像

執行了教練團下達的推進戰術，以短打護送隊友進占得分圈，道奇最後贏球，小胡無疑扮演了關鍵角色。

大聯盟評估一位球員的「有形」指標不外乎打擊、守備、速度、臂力及戰術執行能力，若從日昨胡金龍對巨人比賽的表現來看，他絕對已具備大聯盟一流選手的實力。第三局的三壘安打已足夠說明他的打擊爆發力與跑壘速度；第四局的接、傳球證明他過人的身體協調性及臂力；第九局的獨立完成的雙殺讓人對他的守備工夫充滿信心；而第十局在謹慎放過二個壞球後點出的犧牲短打，不僅展現精準的判斷力與高度抗壓性，更成功詮釋了好的棒球選手是團隊推進之關鍵的鋼鐵定律，如此全能化的表現，即使明年道奇仍無法為他空出先發位置，板凳區也必有他的一席之地。

當然，或許由於道奇已與季後賽絕緣，比賽起來壓力較小，所以我們尚無法斷定往後遇到重要的比賽，小胡的表現仍能像日昨般出色，且他二十九打數被三振八次也稍嫌多了一些；但以他從原本守備優於攻擊的刻板印象，到今年在2A、3A打擊能力的爆發（並因此拿下「明日之星」大賽的MVP）、以致九月初升上大聯盟後的長打表現來看，其間明顯的蛻變與進步，相信已贏得

「識貨」的大聯盟專家們注意，隨著經驗的累積，筆者認為小胡必將成為球隊的主力先發。

做為台灣第二位以野手身分登上大聯盟的球員，胡金龍所象徵的意義可謂十分重大，而目前為止，他也確實成功地扮演好這個角色。以往台灣球員向外發展幾乎都以投手見長，野手除了陳金鋒外，尚無人能在「砲火」猛烈的大聯盟中出賽，唯鋒仔時運不濟，並沒有成功地發光發熱，以致外界對台灣棒球的印象仍是「投手傑出，野手泛泛」，來台觀察的球探也多半對投手較有興趣。如今胡金龍全面化的表現更勝於當年的鋒仔，多少可以向世界棒球殿堂證明台灣除了投手外，還有一流的野手及打者，並且可以激勵咱們下一代的年輕野手，努力朝國際化邁進，這對台灣棒球的發展具有長遠的影響，也正是小胡未來貢獻之所在。

二〇〇七年十月二日《中國時報》

後記

胡金龍的守備一直備受大聯盟專家肯定，可惜打擊始終不見穩定。二〇一〇年球季結束後，小胡被交易到主場位於華裔移民人口眾多的法拉盛（Flushing）的紐約大都會隊。翌年春訓表現突出，開季便被列入大都會二十五人名單，順利登上大聯盟，擔任內野守備「工具人」的角色，頗為稱職。唯打擊的弱點仍然無法克服，連十五打數未出現安打，打擊率僅〇．〇五，因為球隊戰力低迷，小胡遂於二〇一一年五月十七日被球團放進「讓渡名單」（waiver），十天後因乏其他球隊問津，胡金龍只好回到3A，重新等待回到大聯盟的機會。

建仔輸掉薪資仲裁

經過五個小時的薪資仲裁庭，建仔最後很可惜輸了，四百萬年薪拍板定案。或許表面看來這是建仔繼去年季後賽後的再一次挫敗，但換個角度想，卻可能是他職棒生涯進入另一個層次的契機。

持平來看，洋基提出四百萬美元給一個「超級二年級生」（建仔在大聯盟的資歷尚不滿三年），可謂是頗為禮遇的價碼，比起之前不少專家預估的三百萬美元高出了一大截，這對建仔而言已算是一種正面的肯定（雖然不算捧得太高），大家不必因為洋基贏了仲裁，便覺咱們「台灣之光」受到委屈，畢竟除了球技與貢獻外，球團還有其它「生意」上的風險考量，必須予以尊重。

最重要的是，仲裁法庭通常是一個「有話直說」的場所，球員及球團兩造間往往為了一己的利益好話說盡，卻也毫不留情地指摘對方。表面上這是一個很傷感情的過程，但若建仔虛心傾聽，可以從中了解球團對他的看法，甚至了解美國職棒文化對一個選手好壞的評估標準，發現自身不足之處，然後思考針砭之道，將自己的球技向上提升。而這就是仲裁失敗反而對建仔有利之所在。

以此次仲裁為例，雖然我們尚無法得知球團最後勝出的理由何在，但遠在仲裁前不久，筆者有機會向一位曾在美國任職記者的朋友請教他對建仔薪資仲裁的看法，他認為洋基有七成的勝算。他的理由是，美國人喜歡看西部片的神槍手單槍匹馬、身手俐落地解決一群來犯的宵小，而投手丘上的身影也被寄予這樣的期待，簡單來說，以美國人的觀點，建仔的低三振率是罩門，因為他在關鍵時刻還是得靠隊友，而非獨力撐住場面（特別是壘上有人時容易掉分）。這個看法或許有違棒球是九人團體戰的精神，然而這就是「美國觀點」，建仔既身處別人的地盤，想多拿人家的薪水，只能「入境隨俗」。

其次，他也提到去年季後賽的「崩盤」，絕對會影響仲裁法庭的觀點。我提出質疑，季後賽既非人人都有機會參加的（有些球星在爛隊，根本沒打過季後賽），怎能以之作為評斷標準。朋友說，雖然季後賽不能作為敘薪標準，但建仔既被寄與「王牌」的期望，卻在去年季後賽嚴重失常，必然會影響到「棒球專家」們對他的觀感（其實球迷更是如此），這是人性很幽微的地方，再公平的仲裁官都不能免。筆者認為他的話或許不完全符合事實，但卻有一個極合理的啟示，那就是，倘若建仔真的要讓洋基球團、隊友及球迷堅信他就是第一流的王牌投手，勢必就得想辦法在每一個關鍵時刻為球隊挺身而出，不論是季賽或季後賽。這個期許也許嚴苛了些，且建仔也不見得想當「王牌」；然而要在競爭激烈的大聯盟求生存，無論事實上做不做得到，心態上都必須以此自勵，或許這正是之前他的投手教練基德瑞一直強調的重點吧？

不像黑人及南美及日本球員早有不少前輩為其開闢坦途，作為第一個在大聯盟揚名立萬的台灣球星，建仔的路要比其他人辛苦很多，當然也就更值得我們尊敬。實則不論他薪水多少，老美怎麼看他，相信所有台灣球迷都衷心喜歡他、支持他。然而，我們更希望這次的薪資仲裁能給建仔全新的啟示，激勵他的球技益形精進，讓老美更心服口服，這不僅對他自己有益，同時也對後續在美國尋求戰場的台灣球員具有提攜作用，換言之，他可以為台灣建立「品牌」。

二〇〇八年二月十七日

超進化版王建民

速度、尾勁、控球、配球，加上對決打者的勇氣，王建民在昨天出戰宿敵紅襪隊的比賽中，將上述「一流強投」的條件發揮得淋漓盡致，完投九局僅讓對手擊出二支安打、失一分，率領洋基隊以四比一攻克波士頓，不但為自己拿下生涯第四十九勝、締造開季三連勝的佳績，並且為球隊贏得關鍵的一役，使洋基勝率超越五成，站上美聯東區第二的位置。

今年開季以來，王建民投球的內容可以說是愈來愈犀利，開幕戰對決藍鳥隊的賽揚名投哈勒戴（Harry Holladay），投七局失二分，被擊出六支安打；第二役迎戰光芒隊的王牌席爾德（James Shields），六局無失分，對手僅有四支安打，並且吞下六次三振，美中不足的是第七局製造了無人出局，一、三壘有人的危機，有勞「火球小子」張伯倫幫忙解圍才化險為夷，以致未能獲得紐約主流媒體的完全肯定；昨天三度登板，在毫無優勢的客場抵抗以往對他極具殺傷力的紅襪強打群，建仔決定讓洋基疲累的牛棚放個小假，憑一己之力只用九十三球便令這支去年的世界冠軍隊伍俯首稱臣。如此漸入佳境、完全宰制對手的表現，幾乎已令人無可挑剔，無怪乎大聯盟官方網站要用建仔封鎖紅襪當作頭條新聞，並且稱讚他已是「真正的王牌」（true ace）。

無可諱言的，過去三年建仔雖偶有令人激賞的佳作，但大多數的先發內容都只能算是「穩健」，被安打數過多、三振能力不高、整體防禦率無法控制在三．五以下，都是美國棒球專家質疑他「王牌」地位的主因，也因此輸掉了與

好球點播

二〇〇八年四月十二日，王建民在客場出戰紅襪，以九十三球完投九局，僅被「世仇」擊出二支安打、失一分，徹底展現王牌風範，連在場邊觀戰的紅襪超級明星松坂大輔都以讚嘆的口吻表示，王建民掌握比賽節奏的能力值得他好好學習。賽後建仔也表示，這是他生涯投得最好的一場球。在此之前，王建民於芬威球場（Fenway Park）的成績表現並不理想，只投出二勝三敗、防禦率六．一七。

洋基的薪資仲裁。今年春訓，建仔苦練滑球、變速球及指叉球，並且勇於挑戰打者的內角，總算在開季這三場比賽中看出了成果，擦亮自己的「招牌」（官網所說的trademark），不但率領球隊贏球，而且贏得漂亮極了。筆者相信，這三場超優質的先發可以幫助建仔建立自己是王牌的信心，或許他不會每一場都贏，也無法保證不再被K.O，但這個信心絕對會引領他在未來的比賽中創造更優質的投球內容。

王建民的表現帶給自己及球隊信心，當然也讓國內喜愛他的球迷萬分窩心，更令島國同胞感到與有榮焉。或許有人會認為，我們應該卸下加諸在建仔身上的「民族榮耀」，不要再用「台灣之光」的視角去看待他，才能還給建仔一個單純的優秀球員身分，並讓棒球運動回復其多元的面向與獨立的本質。誠然，把家國紛擾的愁緒，以及國格受辱的落寞加諸在建仔的肩上，是不公平且沉重了些；然而這樣的情緒發洩在某些程度上也正反映了職業運動的一項重要特質，即它是與人的情感緊密相連的。當居住紐約的人歡欣鼓舞地談論建仔如何宰制紅襪隊時，他們所據以判別敵我的「城市」標的，正與我們在國內為自己縣市的棒球子弟兵加油所持的「土親」心情是一樣的，也跟我們在班際、系

王建民

圖片提供／達志影像

際，乃至校際運動比賽時為自身伙伴聲嘶力竭的理由是相同的，當然也就和島內百姓同為建仔歡喜、緊張的原因毫無二致，都是一種用想像力延伸的手足之情、同胞之愛，即使最後力挺的同袍、建仔輸了，我們依然以他（們）為榮，為他（們）驕傲、感動。換言之，若沒有球迷至性至情的情感投射，再美妙的身手、再好看的球賽，都只能是過眼花火，不可能在記憶中留下動人的痕跡呀！

二〇〇八年四月十三日《中國時報》

一場比賽

幾天前王建民在洋基主場慘遭宿敵紅襪隊的砲火蹂躪，因此給了島內部分「逢王必反」者大開「汽水」的機會，有謂建仔根本不夠格稱為「洋基王牌」者，也有說他前一場宰制波士頓的「神勇」不過就是運氣罷了，下一場就被打回原形了……。

到了日昨在芝加哥出戰白襪，建仔投得其實並不比對紅襪的比賽輕鬆，六局就用了一百多球，並且被敲出包括四支長打在內的十支安打、自責分三分。雖然是「優質先發」，但「反王派」仍以譏諷的語氣說，若非有幾球在全壘打牆前被接殺，建仔早就如幾天前般崩盤了。

這些批評雖有比賽事實作根據，卻充滿幸災樂禍的敵意，同時也顯現很多人對職業運動的了解其實並不深刻，無法真正客觀且多元地去看待比賽過程。

換言之，多數人都只會看「結果」、看「熱鬧」，而不懂或不願去欣賞「過程」、一窺「堂奧」。

職業球星既然是人，就不可在一整年的球季中都時時保持在最佳狀態，有時體能充沛，但心理過於躁動；或是心理貞靜，但生理條件就是不聽使喚，都會大大影響表現。即使比賽前覺得身心狀態達到最佳平衡，也有可能受到臨場狀況的干擾，諸如球場噪音、天候因素、場地限制、比賽節奏、裁判標準及任何突發事件等，以致讓成績不如預期。

因此，大聯盟的專家們在評估一個投手的單場表現時，並不僅把眼光停留在輸贏結果上，而是更著眼於「投球內容」。何謂「投球內容」？除了當天「有形」的比賽數據，如三振數、保送數、安打數（壘打數）、失分率及好壞球比例外，最重要的是一些「無形」、卻牽動勝負關鍵的表現，這些表現包括了比賽節奏的控制、危機處理，以及突發狀況的應變（如隊友失誤）等等，其牽涉的不僅是技術問題，抑且是深層的心理機制，而此正是能否成為「大投手」最重要的元素。很多大聯盟的投手都有很好的技術與生理條件，卻始終不能成為王牌，關鍵就在「無形」表現上差了一截。

以建仔對白襪的表現為例，他的生理狀況顯然並非最好，身體協調性不佳，招牌下沉球有球速卻沒有垂直變化的尾勁，加上前一場被打爆的陰影猶存，任何投手在此身心條件都不利的狀態要贏球都是極艱鉅的任務。但他卻能不慌不忙，穩住陣腳，讓比賽的節奏完全掌握在自己手中，面對目前美聯最強的打擊陣容，與客場球迷超過一百分貝的鼓噪，也能耐住性子與打者周旋，即使用球數多也在所不惜，而不似前一場般急著出手，一味只用速球與打者對決。最後他完成一個先發投手應有的「優質」責任，讓球隊繼續保持競爭的優勢，若非絕佳的心理素質與意志力驅策，早就被打趴在投手丘上了。

好球點播

二〇〇八年四月十二日，王建民在波士頓芬威球場先發出戰宿敵紅襪，以九十三球完投九局，率領洋基以四比一在客場逞威。事隔五天，建仔回到主場，再度迎戰紅襪，結果只投了四局就慘遭對手攻下八分，被K．O下場。四月二十二日，王建民重整旗鼓，在芝加哥向白襪隊叩關，雖然狀況不佳，但仍以力投六局、失三分的優質先發助洋基取勝，並且為自己拿下生涯第五十勝，成為繼一九八六年大都會隊古登（Dwight Gooden）之後，二十二年來大聯盟最快速拿下生涯五十勝的投手。

看明星球員一人主宰整場比賽，打得對手毫無力招架固然過癮；但欣賞其在逆境中匍匐前進，勉力克服危機、尋求致勝之道則更能鼓舞人心，而這也是運動與人生間最有意義的聯繫。麥克．喬丹之所以能成為「籃球之神」，除了超人的球技外，莫過於他只要在前一場失常，下一場必然痛定思痛，為球隊扳回顏面，或是在最不好的狀況下上場，依然奮戰不懈與對手周旋、鼓舞隊友士氣。王建民的成就或許難及喬丹，但面對白襪的不服輸精神則已可與之並駕其驅。只希望「反王派」在無情批評建仔有形的數據時，也能多留意一些無形的層面，才能成為一個懂門道的球迷呀！

二〇〇八年四月廿六日《中國時報》

沒有建仔的日子，怎麼辦？

王建民傷勢的檢查結果出爐，這無疑是台灣球迷最難過、最失落的一天。經過兩位足部專家診斷，確定建仔右腳韌帶蹠跗關節（lisfranc）扭傷，以及腓骨肌鍵局部撕裂，至少需拄拐杖六週，若再計算復健時間，這個球季恐將全數報銷。這是何等令人難以接受的事實！若從現在到明年四月，建仔都無法出賽，叫球迷們如何「熬」過這漫長的十個月？

在筆者看來，台灣百姓對建仔的「倚賴」，已然不止是單純的「運動喜好」或「明星迷戀」可以盡括，而是深入文化與社會的底層，值得學術界好好觀察、研究的「王建民現象」。很難想像，一個原本平凡有如鄰家男孩的運動員，竟可以牽動整個國家的社會律動：股市因他輸贏而跌漲，國民隨其勝敗而喜憂，各行各業都想藉他的魅力賺上一筆；他所到之處幾乎萬人空巷，台灣根本沒有一位政治或影視明星可與之相提並論；他昂揚我們低迷的國際地位與民族自信，為「台灣」在世界打響名號；甚至，他彌合了政客惡鬥所撕裂的族群傷痕，讓全國百姓在極端失意的生活中，找到世間一息猶存的喜樂與慰藉……。是什麼樣的人格特質、什麼樣的時勢，乃至是如何的文化匱乏與社會渴望，才造就了「王建民神話」？

上述的驚奇顯然非三言兩語可以盡釋，但私意以為，建仔所創造的特殊現象，大抵與我們長期欠缺「主體意識」息息相關。簡單來說，島內始終存在一種深度的迷惘：我們究竟是「什麼人」？——台灣人？中國人？為什麼國際社會不接受我們？這個迷惘令自我認同失落，形成一種無止境的自卑與自我懷疑，對這片土地的經營失去了信心，有「辦法」的人只想撈一筆遠走高飛，無路可走的人只好繼續得過且過。於是，我們太需要一個能引領台灣人證成自我價值與存在高度的英雄，王建民一手無聲而凌厲的下沉球，正可激揚這群島民被迫沉默卻渴望被發現的主體力量。

既然我們需要建仔證明自我，那麼，在毫無心理準備的情況下、在對他這個球季充滿想像的期待中，王建民「忽然」暫時消失，會對台灣社會造成如何的衝擊？是否將形成社群的集體性失落？特別是在這個新政局剛剛成形，舊的問題未去、新的問題又來，且百姓生活壓力日漸沉重的當下。那麼，我們該如何因應呢？

沒有建仔的比賽，可能會產生暫時性的焦慮與空虛，但這也正提供我們一個深度省思自我的機會，看看到底大伙從建仔身上體悟了什麼。大家看到美國棒球比賽在粗獷外表下的細膩面了嗎？是否學會了看「門道」，把別人的優點想辦法移植過來，而非僅是在乎建仔的輸贏而已？其次，台灣人究竟領會了多少美國棒球文化的精髓？是否已經意識到美國人成功結合運動休閒、商業行銷、情意教育，與家庭觀念、社交活動（甚至是文化侵略）等多元層面的經營之道？是否知道，在美國，有數學家專門研究棒球的紀錄，試圖提出一套合理且客觀的球員評量準則？有運動科學家潛心探索如何改進球員的技術與力量，有經濟學家鑽研球場管理、球隊經營與球員交易的效益，有社會學者提出棒球運動與家庭關係的理論？……棒球原是門高深的學問，台灣人是否從中得到如何提振自我的啟示呢？

再者，我們似也應開始學會「自立自強」，並意識到即使建仔再優秀，也終有漸走下坡、離開球場的一天，不能再將任何的不如意一股腦全丟到他的舉手投足間，要有好的日子、活得有自尊，百姓得費點心去「革弊求新」。最重要的是，政客們要「覺醒」，當沒有王建民為你們施政不力所導致的民怨提供暫時慰藉、紓解的場域時，必然要更惕勵自我，好好為人民治理這片土地，否則建仔腿上的傷，將成為你們心中永遠的痛。

二〇〇八年六月十八日《中國時報》

棒球場上的感動

一九七一年，由名將西本幸雄領軍、戰力堪稱全聯盟最強的阪急隊，與企圖締造七連霸的巨人軍爭奪日本職棒總冠軍。前二戰兩隊平分秋色，關鍵第三戰，後來被稱為「下勾球正統」的阪急名投山田久志銜命上場，前八又三分之二局都讓巨人隊難越雷池一步。九局下，二出局，巨人隊進攻，長島茂雄、柴田動分占一、三壘，只要再一個出局數，阪急就可取得冠軍系列戰「聽牌」的優勢；打擊輪到當年曾陷入長期低潮的王貞治。

球數來到一好一壞，山田繼續投出第三球，是一個偏左打者內角的速球，只見王貞治的右腿隨著山田抬起的左腳擺動，霎時間，優美的揮棒弧度將小白球激射到空中，直接越過四百英尺外的高牆，東京球場立即響起如雷的喝采，王貞治擊出逆轉勝的三分全壘打……

這就是王貞治所謂的「不到最後關頭絕不放棄」、所謂的「讓球迷感動」——距離一九七一年，三十八年後的二月三日，他如此勉勵中華職棒球員。

我們常說「態度決定高度」，任何人做任何事都是如此，中華職棒自然也不例外。王貞治提醒台灣的棒球選手，時時要反問自己，是否每一個動作都有盡力要帶給球迷感動？是否曾經背叛球迷？這就是做為一個球員必要的基本心態，也是能否贏得尊重，繼而重新召喚球迷熱情最重要的元素。

回到一九七一年，若非王貞治絕不放棄的堅持——一如他在第一屆WBC般的鬥志，同時也像他面對病魔時無畏的勇氣，巨人隊恐會輸掉系列賽，也不可能會有後來的九連霸。唯他努力做好每一個動作，用最純熟的稻草人打法、一絲不苟地迎戰最可敬的對手，終於激昂出令人感動的氣勢，率領球隊從輿論普遍不看好的劣勢中逆轉勝出。至於他的對手山田久志雖然苦吞敗投，並在王貞治英雄式跑壘的同時木然蹲坐在投手丘上，但連續二場先發的毅力，與夫面對強打毫不膽怯、依然決定「大丈夫對決」的頑強，仍舊讓山田獲得絕對的尊重。輸贏只是短暫的悲喜罷了，汗淚相濡所喚起的感動，才是令球迷永遠難忘的記憶。

經常有人好奇，為何王貞治始終堅持不入日本國籍？王桑表示，這是他對父親的感念，因為父親希望他永遠是中國人。不必過多的詮釋，僅憑父子間堅石般的承諾，便足以說明為何王貞治會有今日令人萬分崇敬的成就了，因為他是用真性情在灌注他的棒球事業。

台灣的職棒之路會走得如此坎坷，主要是被一群不自愛的人所拖累，他們忘記曾經對棒球的熱愛，無法拿出大丈夫堅定的意志去表現每一個動作，背叛了曾經對球迷的承諾，因而讓比賽不再令人感動。今年中華職棒將縮減為四隊，對戰組合變少了，不免將影響可看性。不過，只要球員拿出敢鬥的志氣，效法王貞治當年忍辱負重的精神，再現他與山田久志男子漢對決的氛圍，紮紮實實打好每一場球，相信球迷的熱情會再度被喚起，波浪舞、彩帶秀將重現在熱鬧喧囂的球場。

二〇〇九年二月七日《中國時報》

建仔需努力的目標

靠著柏奈特（A.J Burnett）強力鎮壓（五．一局三振對手六次），紐約洋基隊終於從金鶯手中搶下一勝，避免了開季就被對手橫掃的危機。賽後，總教頭吉拉迪（Joe Girardi）稱讚柏奈特：「你會期待他有高水準的表現，因為他已不再是一個菜鳥，也不再是一個年輕的投手，你根本不必擔心他該如何去控制場面。」這段話，彷彿是說給建仔聽的，而這絕對也是建仔未來最需努力達到的目標。

王建民在大聯盟已經第五個球季了，他絕不是一個菜鳥；今年虛歲三十了，也已不算年輕（隊友Joba Chamberlain才廿四歲），更何況，去年他還是洋基的當家王牌投手。可是，直到目前為止，我們看建仔似乎還無法獨當一面。

從幾個面向可以看出上述的窘況：投球動作始終無法固定下來（左肩容易過早開掉、揮臂速度趕不上身體旋轉、手肘抬得不過高）、在場上常常需要捕手提醒他的投球姿勢、配球也幾乎都只聽捕手的；此外，最令人憂心的是，壘上有人時很難不被得分。換言之，球種、球速太過單調，缺乏完全宰制打者（主要是三振）的能力。也難怪《紐約郵報》要挖苦他：「擁有的武器數量，和千里達多貝哥（都是非常小的國家）一樣少。」這樣的批評聽在筆者這種死忠建仔迷的耳中，自然是十分不舒服的；然而，認真想想，建仔與球迷恐怕都得虛心接受，因為這樣才能鞭策建仔進步，成為真正的強投。

誠然，我們不應該以一場比賽就論斷建仔的得失，但是，建仔「被打爆」的情形愈來愈常見，投得掙扎的比賽愈來愈多，這顯示對手已經十分熟悉他了（特別是同在美聯東區的球隊），如果建仔再不能有所改變，恐怕將很難應付未來更長遠的職業生涯，也將可能埋下被交易的隱憂。因為對一心只想求得世界冠軍的洋基而言，他們自然不希望自己的投手老是處在不穩定、無法獨當一面的狀態，尤其是面對局局必爭的季後賽時，豈可容許他邊投球還得時時注意姿勢有問題？

建仔擁有良好的投球能力，而且個性純樸沉靜，可塑性相當高，但卻也比較欠缺自主性。因此，私意以為，如果建仔要突破眼前的困境，除了他自己一再強調要「找回伸卡球的球感」外，最重要的是徹底改掉姿勢走樣的毛病，讓控球更形精準。此外，不能只依靠二縫線直球，而是必須培養更靈活多變的應敵策略，諸如練就一種慢速變化球（其實他這場球有幾個外角變速球投得不錯，只可惜進壘位置差了些），用速差來迷惑打者，並且將貼著內、外角進壘的四縫線速球投到隨心所欲（這幾乎是所有大聯盟強投必備的武器，但建仔的四縫線直球投得並不太好），如此方能在大聯盟走得長遠。

二〇〇九年四月十一日《聯合報》

以卡本特為師，建仔莫氣餒

連續二場被打爆，總共只投了四局多就掉十五分，這絕對不是大家所熟悉的王建民，但卻是令人不得不接受的殘酷事實。私意以為，球迷除了必須與建仔一起坦然面對外，最重要的是給他鼓勵，幫助他重燃「東山再起」的信心。

二〇〇六年世界冠軍大賽第三戰八局下，聖路易紅雀隊（Cardinals）先發投手卡本特（Chris Carpenter）上場打擊（這是教頭特意安排的戲碼，因為卡氏根本不會再投第九局），主場球迷全體起立熱烈鼓掌，歡呼聲此起彼落，像烈火般蔓延整個Busch Stadium。是役卡本特主投八局，完全封鎖老虎隊的打擊，終場紅雀五比〇獲勝，在世界大賽取得二勝一負的優勢（最後贏得當年世界冠軍）。

卡本特何許人也？他在一九九七被藍鳥隊選上，六年出賽一五二場，僅投出四十九勝，卻吞下五十敗。二〇〇三年終於被交易到紅雀，卻又因傷休息了一整年，翌年才復出登板。或許是為了回報紅雀的知遇之恩，二〇〇四年卡本特浴火重生，為球隊貢獻十五勝五敗、三・四六防禦率的佳績，並獲得大聯盟「東山再起獎」（Comeback Award）。

二〇〇五年，卡本特更上一層樓，投出傲視國聯的廿一勝五敗、二・八三防禦率成績，勇奪該年的投手賽揚獎，且在季後賽為紅雀拿下兩場重要的勝投。大聯盟前六年的浮沉與曾經相當嚴重的傷勢並沒有擊垮這位頑強的「木匠先生」，卡本特也因此成為聖路易球迷津津樂道的傳奇球星。

跟卡本特比起來，建仔的大聯盟之旅目前看來是順遂得多，過去四個球季，他雖也曾有傷痛的困擾，但在自己爭氣、隊友相挺與教練倚重的優勢下，他已投出五十四勝，而且僅有二十一敗，較諸卡本特要優異得多，這證明他的資質、能力都要強過前者，卡本特能東山再起、演出傳奇，建仔也絕對可以。

當然，浴火重生並不容易，特別是以建仔目前的處境來看。因傷休息了十個月，他的投球姿勢完全走樣、球感盡失；加上過去四季鋒芒畢露，對手無不苦心鑽研他的球路、破解他的球威，對戰時自然也就更辛苦不少。如何重振昔日雄風、尋回自信，並且突破既有的球技瓶頸，無疑是建仔眼下當務之急，也是他能否東山再起的絕對關鍵。

大聯盟是個殘酷的戰場，過去一百多年來，能夠真正名留青史的強投寥若晨星，多的是跌跌撞撞，二、三年就永遭埋沒的昨日黃花；幸運一點的被暫時下放小聯盟磨鍊，或是交易到他隊尋求第二春，但也多半不見起色，只能庸庸碌碌結束載浮載沉的職業生涯。那些能夠屹立投手丘十數年、睥睨打者而絕無懼色的大投手，像建仔的前隊友克萊門斯、穆西納與紅襪的席林等，其特質都是在面對困境時仍充滿自信、絕不屈撓的硬漢，卡本特或許暫不能與這些先進

心碎點播

二○○八年六月十六日，王建民在出戰休士頓太空人隊（Houston Astros）時，因跑壘受傷而整季報銷。經過近十個月的復健，雖然順利於翌年開季重返先發行列，卻因身體並未完全復原而在球場上頻頻表現失常。該年四月八日，客場對抗巴爾的摩金鶯隊（Baltimore Orioles），只投三・二局便掉七分下場；四月十三日，於坦帕出戰光芒（Rays），一局就狂丟八分。總計二場出賽的防禦率高達二八・九三。

相提並論，唯其毫不氣餒的精神則已相彷彿。若建仔能以前輩卡本特為師，努力掙脫慘敗的陰影，相信「下沉球王子」的美技，很快會在大聯盟的球場重現。

二〇〇九年四月十五日《中國時報》

當建仔的故事急轉直下

漢代大將軍、爵封淮陰侯的韓信少年時曾有一段膾炙人口的故事：他尚在布衣時喜歡佩劍，某次遇到一位市井流氓挑釁，說他雖然看來威武，但底子裡根本是個懦夫，若有膽識就拔劍決鬥，不然就從袴下爬過去。韓信端詳熟記流氓的長相，然後跪下身子從對方袴下鑽去。市集之人見狀，無不取笑他膽小懦弱。

據說後來韓信被任為楚王後，立即召見那位流氓，並且封他為中尉將領。這就是成語「袴（胯）下之辱」的典故由來。歷史上那些建奇功、留名千古的卓越之士，在這些令人不忍的故事烘托下，更能彰顯其功業之偉岸，與志氣之不凡。

這樣的故事經常被用來勉勵年輕人，也是勵志小說家最喜歡的傳奇，君不見金庸《神鵰俠侶》裡的楊過，少年時連平庸痴騃的全真教小道士都能盡情羞辱他，但最後卻是僅憑一隻手就可天下無敵的大俠客。

話說「台灣之光」王建民連三場被對手打爆，防禦率是令人不可置信的三四．五〇（說實在，筆者看這麼多年棒球，幾乎沒見過這種數字），媒體、球迷、球評挖苦者有之、嘲笑者有之，憂心忡忡者更不在話下。但是，這又如何？

丟臉嗎？當然。被全場四萬多名球迷噓下場，心底的悲憤與所忍受的恥辱，絕不下於韓信當年的袴下之辱。然而，在筆者看來，這也是建仔撰寫他偉大傳奇的絕佳契機。

過去四個球季，多數人心中的建仔是個平步青雲的年輕人，是「天之驕子」，短短二年就揚名世界最高的棒球殿堂；回到台灣，所到之處萬人空巷，知名廠商紛紛重金邀請他代言，無論面子、裡子都是超級大贏家。表面那樣風光得意，讓人根本不會去想像他曾付出多少汗水、忍受多少病痛與孤寂才換得如此的成就。

於是乎，過去四年除了受傷、沒遇過什麼嚴苛打擊的建仔，其經歷給年輕人的啟示就大概只是「有為者亦若是也」而已。換言之，他的故事張力不夠強，欠缺扣人心弦的情節起伏，就像他下沉球投得很順的比賽般，滾地球、傳一壘刺殺不斷重複，偶爾穿插個雙殺守備，外野手站著發呆沒事做，對手則根本上不了三壘，跟張伯倫那種滿壘、無人出局，最後以連續三個三振化解危機、令人冷汗直流的緊張、暢快相比，話題性顯然是弱了些。

但如今，故事終於急轉直下，大聯盟近年來最爛的成績、最悲慘的戰役都與這位連續二年十九勝、曾經很接近賽揚獎及完全比賽的新銳投手有了交集。建仔彷彿深陷泥沼的名駒，如果他能掙脫而出，重新揚蹄奮進，那麼無疑將吸引更多人的目光、獲得更多的尊敬，他的故事也將不再「單調」，而是充滿激勵人心、鼓舞士氣的傳奇，未來大家不再只是重複地談論他二年十九勝、下沉球多銳利的「陳年」功績，而是津津樂道於他含悲忍辱、重新奮起的勇氣。這樣的故事，也才值得代代相傳、一說再說。

二〇〇九年四月廿一日《中國時報》

全世界最孤獨的地方

不知是誰曾經說過：「投手丘是全世界最孤獨的地方。」本來我不太了解這句話的義涵，但在看了日昨王建民以中繼身分重新踏上投手板後，心中忽然有了澄澈的體悟。

一九四九至一九六〇年間擔任洋基總教練、並為球隊拿下七次世界冠軍的史坦格（Casey Stengel）曾經這麼評論過當時隊上的中繼投手賽恩（Johnny Sain）：「他話不多，但那無所謂，因為當你踏上投手丘時，也沒有可以交談的對象了。」（Johnny Sain don't say much, but that don't matter much, because when you're out there on the mound, you got nobody to talk to.）是呀，投手丘到本壘板不過短短的十八．四四公尺，縱使投手可以清楚看到捕手的暗號、知道隊友就在你身後不到三十呎的地方，但沒有人可以告訴你如何才能投出好

建仔站在全世界最孤獨的地方。　　圖片提供／達志影像

球、如何才能解決打者。

今年球季伊始，我們不斷看見王建民失速的下沉球被對手無情地痛擊，每一支破空而去的安打都像利刃般刺在球迷的身上，昔日的王牌宛如電影中被敵人控制、凌虐的落難英雄，任憑觀眾如何焦慮、呼救、禱告，都只能眼睜睜看著他獨自承受一切的痛苦。

不僅如此，下了場他還必須面對球迷的噓聲、隊友的批評，以及球團的質疑。更可怕的是，往昔捧他為英雄的媒體也跟著落井下石，嘲諷他被放入傷兵名單並非什麼肌肉發炎，而是防禦率「紅腫」（inflammation）。意志再堅強的人，遭遇這如同過街鼠般的窘境，恐怕都將對自己信心全失。但這時候，誰能幫你呢？

在無可如何之際，王建民重新站上投手丘，但並非以往熟悉的先發角色，而是中繼，這說明教練團對他仍有疑慮。七局上當他成功解決第一位打者時，觀眾席上並沒有太多鼓勵，反倒是接下來被Ibanez擊出全打壘的瞬間，滿場立即噓聲四起，任何人都可以想像，當時建仔心中會有多難受。然而，那又如何？除了繼續用他無聲的下沉球證明自己外，別無選擇。

有人說，王建民太沉默了，不會適當表達自己的想法，以致球團總把他當小孩看。也有人懷疑，即使想說，建仔的英文也不夠好到能完整陳述自己的意見，所以只能默默領受各界的批評、順從球團的一切安排。這些也許都對，但在筆者看來，那一點也不重要，因為，如果你無法用實力來證明自己，再會溝通又有何用？能為自己爭取到最好的待遇嗎？站在二十五公分高的土丘上，投手顯得高人一等，卻無論如何也不能僅憑言語便妄想令對手服氣、讓球迷歡呼。

洋基新秀休斯（Phil Hughes）在建仔歸隊的消息傳開之後，便一直被媒體點名可能遭下放3A，或是進牛棚待命。面對這樣的傳聞，休斯表示，不管他在哪裡，都會更努力去投球，好的手臂無論何時何地都可以為球隊做出貢獻。沒錯，只要信心夠、實力強，先發、中繼或救援都無關緊要，因為只有當你勇敢站上投手丘，你才有可能征服全世界最孤獨的地方。

二〇〇九年五月二十日

第一勝的啟示

睽違三百七十八天，經歷職業生涯最黯淡的低潮，建仔日昨終於拿下艱苦的一勝，這一勝對他及洋基而言固然意義非凡（因為其中又帶著守護神李維拉的生涯第五百次救援成功），帶給國人的啟示更是無比深遠。

這一勝令大家領會何謂「上下一心」的真諦。就在洋基教頭吉拉迪一句「讓我們幫他拿下一勝」（Let's get him a win！）的激勵下，日昨「花旗球場」（Citi Field，紐約大都會隊主場）的地鐵大戰（Subway Series）最後一役，自始自終洋基隊員都展現十足的專注力，看得出來每個人的神經都很緊繃，A-Rod在第二局擱下Martinez三壘強襲球後振臂高呼的反應似乎說明了一切。而教練團明顯較諸過去更積極的投手調度，三．二局共動用牛棚四位投手、第八局就直接推出守護神李維拉、並在第九局讓他冒險上場打擊……，也都明白表示洋基球團非常在意幫建仔拿下勝投，而最後他們也真的做到了。

如此同舟共濟的精神無疑令人動容，如果沒有這群賣力相挺的隊友支援，建仔這一勝恐不易達陣。棒球場上沒有所謂「一個人的成功」，人生其它的領域也不例外，而一個國家的發展更是如此。

最近幾年，台灣在國際社會的各項評比指標都明顯退步，國內也因諸多負面條件而致民生問題重重，朝野之間忙著相互指責對方的不是，卻從不深思，其實台灣的「倒退嚕」，終極因素在於我們根本不團結。

一場球賽若每個人都自以為是，只求個人表現而不顧團體成績，那麼即使

好球點播

二〇〇八年六月十六日，王建民在休士頓出戰太空人隊（Houston Astros）時，因跑壘不慎扭傷腳掌，因而進入傷兵名單，展開漫長的復健過程。季初雖已重返先發行列，但表現十分不理想，防禦率曾高達三十以上，後被重新放回傷兵名單，並暫時下放牛棚擔任救援投手。睽違一年多後，二〇〇九年六月三十日，建仔終於在面對同城對手大都會隊（Mets）的比賽中，主投五．一局，責失二分，拿下傷後難得的一勝。

擁有比其他球隊更多的好手，也不見得可以贏球；相同的，如果只顧指摘別人的不是，而從不檢討自己的問題，那麼這支球隊恐怕成績也不會太好。去年紅襪忍痛交易當家巨砲曼尼（Manny Ramirez），即因他太過特立獨行（說得更難聽些是自私，不僅常與隊友衝突，更毆打球隊老工友，有隊友因而公開批評他「可恥」disgrace）的性格造成球隊失和，球團不願因此影響整體戰績所致。

令人洩氣的是，台灣政壇卻充斥著隨時會破壞全民團結與國家發展的特異分子，或者是自認「非我不可」、一意孤行且過度自信之流；或者是毫無見樹，卻總是為反對而反對的扯後腿之輩；又或者，每天只顧批評別人不是，卻從不躬自反省的偏頗之徒。一支球隊有一個頭痛人物就足以讓戰績大受拖累（例如小熊隊強投Carlos Zambrano雖然厲害，自以為是的壞脾氣帶給球隊的困擾更多，他曾因被打爆而牽怒並痛毆自家捕手Barrett），台灣政壇有這麼多「奇人怪咖」，不斷在製造妨礙團結的障礙，整體表現能不退步才怪。

建仔需要隊友團結一致才能協助他獲勝，台灣也必須朝野同心方得在國際社會爭得令人尊敬的地位。是否我們也該省思洋基教頭「讓我們為他拿下一勝」的深意，充滿豪氣地高喊一聲：Let’s get Taiwan a Win!

二〇〇九年七月廿八日

沒有王建民的球賽

最近常聽人說：洋基可能不再跟王建民續約，如果未來美國職棒沒有建仔，還有什麼好看？筆者理解這是多數球迷「民族認同」的當然反應，也明白我們之所以能天天在電視上欣賞大聯盟高水準的球賽實況，幾可謂全拜建仔之賜，若以後看不到他投球的英姿，世界棒球殿堂的賽事對台灣人而言，恐將遜色不少。

然而，我們真的要因建仔不出賽，就停止收看大聯盟的比賽嗎？站在台灣棒球長期發展的角度看，筆者並不這麼認為，因為，認真看別人怎麼「玩」球，才能培養一流的球迷，才可能激勵出一流的球隊，也才夠格稱作棒球王國。

且容筆者先從美、日職棒交流談起。二十世紀初伊始，美國職棒隊伍便開始造訪日本，並與當地球隊進行友誼賽，洋基知名球星貝比．魯斯及賈里格都曾參與；而被日本視為民族英雄的投手澤村榮治（後來日職「澤村賞」即以他之名設立）就是在一九三四年以十七歲之齡幾乎完封美國職棒明星而聲名大噪。不過，雖然日軍偶有佳作，但據統計，自一九五一年至一九九〇年為止，美、日職棒共交手二八〇場，日本只取得六十七勝、廿一和的成績，美國則獲得近二百場的勝利，實力之懸殊可見一斑。

不過，在這四十年的過程中，一九六六年是個很明顯的分水嶺。當年國家聯盟冠軍洛杉磯道奇隊訪日，與日職明星隊等進行了十八場比賽，結果日本拿下八勝九敗一和的佳績，幾乎讓一向自豪為世界棒球之最的美國佬嚇出一身冷汗。從那年起，「大和軍」宛如脫胎換骨，雖然遇到「花旗軍」還是輸多勝少，卻已充分讓老美意識到必須極度認真才能贏球的事實，東洋人不再是昔日那動輒十五敗三勝的吳下阿蒙了。

為何一九六六年如此關鍵？固然是與之前近六十年光景受到美國職棒「激勵」有關，唯筆者認為猶不應忽略日本第一位征服大聯盟投手丘的村上雅則所帶來的影響。村上於一九六四、六五兩季為舊金山巨人隊出賽，掀起了日本野球界的大聯盟熱，透過當時一日千里的影像傳播技術引介，讓愈來愈多球迷、記者有機會更進一步了解美國職棒的發展與特質，並從中學習更豐沛的棒球知識，這對日本棒球實力的推進可謂影響深遠。換言之，球迷的眼界提升了，愈來愈懂得野球的門道，間接也鞭策了日本職業棒球水準的提升。

眼光轉回廿一世紀，王建民對於台灣棒球的影響絕對超過村上在日本掀起的熱潮，筆者也相信國內球迷因長期收看大聯盟的轉播，對棒球欣賞、批評的能力早已提升不少。當看台上的觀眾具備高水準的看球眼光時，自然能促使球員在打球時更認真求進步，潛移默化中也就拉抬了台灣的棒球素質。因此，即使有一段時間將無法看到建仔的身影，大家還是應該繼續認真看美國職棒的比賽，從中領會第一流的棒球知識與技術，藉此以鞭策台灣棒球持續進步。

二〇〇九年八月四日《中國時報》

斯人獨憔悴——建仔何去何從

紐約洋基隊日昨在主場三連勝紅襪後，正式登上美聯東區的冠軍王座。就在全隊瘋狂慶賀重返季後賽、盡情享受香檳浴的同時，卻獨獨不見二〇〇六、〇七年帶領洋基進入十月關鍵賽事的「台灣之光」王建民。相信很多球迷都與筆者一樣，完全可以體會建仔此際心情的落寞，畢竟以他好勝盡責的個性，必然會自疚於並未對球隊的封王做出應有的貢獻；加上因傷表現不佳而傳出球團不再續約的負面消息，建仔這時的處境，真可用唐代詩人杜甫〈念李白〉詩中的句子來形容：「冠蓋滿京華，斯人獨憔悴」。

那麼，建仔究竟該何去何從？也許在目前狀況未明時猶言之過早，但既然傳聞四起，各方專家揣測紛紛，心急的球迷與徬徨的建仔定然會因此更形焦慮，被迫必須及早面對這個問題，因而多少也希望聽聽大家的意見。筆者以為，建仔如能續留洋基當然最好，但若不得已被交易出去，也未必是利空，反而可能是重振往日風采的契機。

在筆者看來，維持身體健康固然是職業運動員的首要之務，但心理因素卻往往扮演能否讓表現持續穩定的關鍵角色。建仔季中從傷兵名單歸隊後，表現仍時好時壞，雖然在牛棚的成績不差，唯重返先發行列遲遲未見昔日身手，主因即在他的信心尚未完全重建。如果建仔繼續留在洋基，以球隊目前先發投手不虞匱乏、且球團對他的健康仍有疑慮的狀況來看，明年他想到爭取先發輪值恐怕不易，大概只能留在牛棚等待機會，這對屬於先發型的建仔而言並非合適

心碎點播

二〇〇九年，王建民因為先前腳掌受傷復健不全，開季倉促上陣，導致投球內容十分慘烈（四月份防禦率高達三四．五）。後來球團為其進行徹底身體檢查，並放入傷兵名單再行復健。五月重新自牛棚出發，表現不俗，三次中繼防禦率僅二．二五。七月重回先發，卻在美國國慶日當天出戰多倫多藍鳥隊（Blue Jays）時不幸肩膀受傷，不僅整季報銷，球季結束後洋基也不再與他續約。

的選擇。

此外，雖說「在哪裡跌倒，從哪裡爬起」乃不屈不撓者的金科玉律，以建仔不服輸的個性也絕對會做如是想；但它卻也是壓力最大的，尤其要在全美國最挑剔的球迷、最尖酸的媒體前重拾自信更必須付出倍數以上的心力，稍有不慎，甚至可能因此拖累建仔剛剛復原的身體，嚴重影響他的職業前途。

由此看來，若建仔真的被洋基放棄，或許黯然而令人惋惜，但去一個壓力較小、且可以讓他從先發行列復出的地方重整旗鼓，長遠來看，未必不是較好的選擇。大聯盟因為在原東家表現不佳而遭球隊釋出、卻在他隊東山再起的球星比比皆是，被球迷謔稱為「玻璃人」的原洋基投手帕瓦諾（Carl Pavano）固不待言，即如洋基現今王牌沙巴西亞（CC Sabathia），去年季初也是在印第安人隊投得搖搖欲墜後被交易到國聯的釀酒人（Milwaukee Brewers），才又重振威名。至於生涯傳奇早已膾炙人口的紅雀當家投手卡本特（Chris Carpenter），對建仔可能轉隊而言就更具說服力了。

大聯盟的環境既現實又殘酷，表現好大家搶著要，成績不理想，當然只能任人擺布了。如今建仔事業遇到瓶頸，之前在台灣政經低迷之際受他鼓舞的球迷除了提供一些正向且具建設性的意見外，最重要的是義無反顧地繼續支持他——無論將來他穿上哪一隊的制服。

二〇〇九年十月一日《中國時報》

建仔的籌碼

任職棒球雜誌的朋友問我，以王建民今年跌落谷底的成績，及令人憂慮的肩傷，他明球季還有什麼籌碼在大聯盟重新出發？我不假思索地回答他，姑且先不談肩傷復原進度令人滿意；過去四年，王建民是洋基隊最穩定的投手，而且他的籌碼絕不止如此。

固然，王建民受傷機率高，易使球團對他抱著較為保留的態度；但數字會說話，而美國職棒偏偏是個非常相信統計的場域。若把今年因傷後調整失策的不理想表現暫時剔除，自二〇〇五年登上大聯盟以來，到去年為止，建仔共為洋基出賽九十七場（其中九十六次先發），拿下五十四勝（二十敗）、一救援的成績，並且有四次完投。平均每年十三·五勝已達一流先發投手的水準，連續兩年十九勝的佳績更是遠優於隊上其他投手，最重要的是，他的勝率高達七成三。

這個數字代表什麼意義？表示只要建仔出賽，他敗投的機會只有二成七。這項成績傲視大聯盟所有先發投手，即使被喻為最難打敗的藍鳥王牌哈勒戴（勝率七・〇三）都望塵莫及。或許有人會說，王建民之所以有如此高的勝率，是因為洋基隊有稱霸大聯盟的豪華打線。但這種說法似是而非，與洋基打線幾乎不相上下的紅襪強投群們為何辦不到？（兩隊前四年每場平均得分差距只有〇・八分）又為何與建仔同時的洋基其他「大投手」，諸如穆西納（勝率六・三）、藍迪・強森（勝率六・四），甚至克萊門斯等，也都辦不到？

且若我們從最能代表投手穩定度的「每局被上壘率」（WHIP值）來看，建仔在這四個球季一・二九的成績，也絕不遜於任何一位大聯盟勝率超過五成的投手（前印第安人王牌克里夫・李是一・二八；天使當家萊奇一・二六；老虎的韋蘭德更高達一・三三）。由此看來，建仔是一個非常能控制比賽的投手，只要他上場，往往能安定軍心，讓球隊處在高頻率獲勝的狀態，這不僅是球技佳而已，乃是攸關其優秀的心理特質與比賽天賦。光憑這一點，就足夠讓他在大聯盟繼續馳騁。

再者，建仔已經在大聯盟五個球季，明年他才三十歲，不論經驗及生理條件都是棒球專家眼中最成熟的高峰期，只要他的傷勢確定可以復原，美國職棒各球團絕不可能忽視建仔過去幾年在洋基的亮麗表現，必然有球隊會非常樂意給他東山再起的機會。

此外，別忘了，台灣數以千萬計的球迷也是王建民的絕佳籌碼。想想看，如果你是大聯盟球團的老闆，知道這個年輕人在台灣具有影響股市升降的能耐，且有一大群全球消費能力驚人的同胞義無反顧地挺他到底，你願不願意每年花個數百萬美元投資看看？更何況，大聯盟看到ＮＢＡ每年因姚明在中國淨賺五千萬美元的利益，欣羨之餘，正苦思如何進軍中國市場。與彼岸同文、且在中國亦擁有不少球迷的建仔，豈非大聯盟官方最佳的宣傳「樣板」？

二〇〇九年十月十日

台灣真男人

中國古神話中有一位名喚「刑天」的勇士，他因與黃帝爭位失敗，遭對手砍斷頭顱，但他卻絲毫不退縮，用他的雙乳當眼睛、肚臍作嘴巴，繼續揮舞手中的斧鉞向黃帝搦戰。後來晉代大詩人陶淵明在名作《讀山海經》詩中就以「刑天舞干戚，猛志固常在」來歌頌其勇武不屈的精神。

郭泓志日昨成為第一位在美國職棒聯盟冠軍賽中拿下勝投的台灣投手，雖屬中繼救援性質，且只投了三球；但這加起來總球速接近二百九十英哩的俐落身手，看似豪邁而乾脆，卻是經過二次手筋斷了接、接了又斷的病痛折磨才淬鍊出來的。郭泓志精確複製了刑天絕不認輸的勇氣，遺傳了早年強渡黑水溝的唐山先民刻苦堅忍的精神，不論其未來成就如何，僅是這歷經磨難後依舊瀟灑的手姿，就足以令人讚嘆、傳頌，他是台灣真男人。

他在三振對手時會順勢高抬腿旋轉身體，擊出全壘打還令手臂盡情伸展後才肯甩掉球棒，肢體中滿溢的傲氣讓對手十分不爽，但在知道他手肘曾經動過四次手術、一再失敗卻又捲土重來的故事後，卻沒有一人不對他豎起大拇指。美國職棒專家甚至以「不死鳥」（phoenix，傳說牠會引火自焚，然後浴火重生）來讚譽他的傳奇。我不確定究竟是什麼支撐著郭泓志熬過孤寂無助、前途茫然的漫長復健過程，在多數人可能都已放棄的頹勢下依然堅持夢想；但那必然是一種信念，或是一個承諾、一分執著，引領他義無反顧地朝著全世界最孤獨的地方（這是棒球界對投手丘的稱呼）踽踽前進。而不論它是什麼，最無可懷疑的是，有一種「說到做到」的大丈夫氣魄在其間低迴、激盪、昂揚，然後如同無堅不摧的氣旋般直竄每個人的心胸，將所有的頹喪與失意瞬間一掃而空，也為我們這個習於信口開河、食言而肥的社會帶來太多啟示，與汗顏。

沒錯，過去台灣人最自傲的，除了堅毅刻苦的水牛精神外，就是「重然諾」的大丈夫氣概了。這種說到做到的豪邁性格，讓許多台灣人連談生意時都不必簽約作契。然而，曾幾何時，也不知是貪商當道或是奸官滿朝，整個島嶼開始被無數的謊言與濫語所侵沒，選舉的政見可以船過無痕，電視新聞也可以信口開河，人們變得不能互信互諒，深刻的疑慮令社會陷入愈來愈深的不安與焦慮中，所謂的全球競爭力，自然也就江河日下了。因此，與其看那些衣冠楚楚的傢伙胡說八道，迷惑人心，不如看郭泓志與對手直來直往的英雄對決。或許，這就是棒球明星在台灣遠較政客、名嘴受歡迎的原因吧。

二〇〇九年十月十九日

好球點播

二〇〇九年十月十七日，國家聯盟冠軍戰第二場比賽第八局上半，費城人一出局、一壘有人，與道奇的比數僵持在一比一。小小郭登板接替道奇先發投手帕迪亞（Vincente Padilla），費城人緊急換上右打者法蘭西斯科（Ben Francisco）代打。郭泓志決定以直球對決，只投了三球，便讓對手擊出內野軟弱滾地球、造成雙殺結束該局攻勢。八局下，道奇攻下一分，最後獲得勝利，郭泓志也成為台灣投手在聯盟冠軍戰中拿下勝投第一人。當天小小郭上場救援時，美國轉播單位還特別介紹這位曾經動過二次韌帶重建手術的「不死鳥」。

建仔的下一步

洋基官網披露，王建民可能會獲球團「不換約」（non-tender）的處置，這意味著他將成為自由球員，明年動向充滿不確定性。表面看來，這似乎是建仔職業生涯最詭譎、難堪的轉折，但若從較樂觀的角度審視，卻未嘗不是他蛻變、成長的絕佳契機。

記得王建民在洋基打入世界大賽前曾接受記者訪問，提到他在場邊細心觀戰、模擬配球的心得。他說自己以前只顧猛力「丟球」（throwing），而不是在「投球」（pitching），今後應當注意配球，努力多學一種慢速球（他中意的是「曲球」curve ball），以製造速差；同時他也承認，關鍵時刻最需要的是「冷靜」。

從這些談話的內容，就可知因傷停賽的建仔非但沒有中止思考如何提升球技，反而在低潮的靜默中清楚看見自身的缺點，體會出成為一流投手的訣竅。沒錯，不論未來將落腳何方，王建民眼前最重要的，就是「改變」。

英文稱投手為pitcher，即暗示投球當有如文字、音律之安排般，具有高低強弱快慢的差別，方能製造出美妙的旋律與節奏，牽制、迷惑對手，將比賽操控在自己手中。此外，除了投球的「調配」外，也蘊含生理與心理的適切「調整」，讓身心時時維持在健康的狀態。大聯盟第一流的投手（如王建民過去的隊友穆西納），無疑都具備上述二大面向的「調適」能耐。建仔雖然有很好的球質，一手渾重如鉛塊的下沉球更是享譽大聯盟，但過去他投球時節奏過於單調，關鍵時刻欠缺與打者周旋的能耐也是不爭的事實，這使得他在遇到危機時往往只能更用力丟球，造成手臂過重的負荷，自然也增加了受傷的機率，讓球團時時感到忐忑不安，降低對他的信心。

因此，下一步對建仔而言，身分歸屬固然必須費心思量，唯最關鍵的仍是必須思索如何將自己在季後賽的所見所思付諸實踐，努力蛻變成懂得pitch的投手，因為這才是能在世界棒球殿堂受人重視的「真實力」。在隊中一直對建仔照顧有佳的洋基老投手派提特是最值得學習的榜樣，三十七歲的「高齡」，球速、體力早已不復當年，而且背部的傷痛不時困擾他的投球。但老派卻能運用僅餘的九十英哩直球，搭配七十多哩的曲球與約莫八十哩出頭的「切球」（cuter）宰制全場，不僅季中為球隊拿下十四勝，更在今年締造季後賽投手最多勝紀錄，鋒芒完全掩蓋隊中千萬年薪的前兩大先發沙巴西亞與柏奈特（老派今年薪水只有五五〇萬），也難怪洋基毫不考慮便以一一七五萬美元與他簽下明年的合約。

相較於老派，年紀尚輕建仔前景更令人期待，雖然肩傷是投手最堪憂慮之處，但大聯盟中受傷劣勢重新站起者亦比比皆是，今年季後賽用詭異微笑回報洋基主場五萬多名觀眾「誰是你老爸」噓聲的大投手佩卓・馬丁尼茲即是最好的例子。只要建仔成為像穆西納、派提特般一流的pitcher，大聯盟的路將無限寬廣，又何必在乎球團續不續約呢？

二〇〇九年十二月十三日《聯合報》

如果王建民加入紅襪隊

《波士頓環球報》（*Boston Globe*）的專欄作家卡法度（Nick Cafardo）在月前撰文表示，紅襪隊今年戰績不佳的主因是投手戰力未能充分發揮，因此他建議紅襪明年應多方吸收優秀的投手，曾經創下連二季十九勝佳績的王建民也在其建議名單中。事隔月餘，與建仔交好、同時也是《沉默的王牌》主筆的棒球作家亞伯拉罕也認為，波士頓有可能網羅這位伸卡球好手。

這倒有趣了，如果洋基真的不再與建仔續約，而紅襪又展現對他高度期待的話。那麼王建民會如何抉擇？球迷心理的周折又該如何調適？

眾所周知，紅襪與洋基是「世仇」，除了雙方球迷互看不順眼、球團高層彼此攻詰角力外，連球員都有著或多或少的心結，前紅襪王牌投手席林就曾放話說他絕不會替洋基打球。二〇〇五年美聯冠軍戰，紅襪不可思議地在〇勝三敗的劣勢下連贏四場淘汰洋基，關鍵第七戰為球隊貢獻六分打點的致勝英雄不是別人，正是後來深受紐約客喜愛的強尼・戴蒙（Johnny Damon）。戴蒙在紅襪當年破除八十六年魔咒、勇奪世界冠軍後「變節」投靠敵營，並且將他「摩登原始人」的註冊形象——披肩長髮、落腮鬍——刮得乾乾淨淨（因為洋基老闆不准球員留落腮鬍、蓄長髮）。結果隔年隨洋基客場出征波士頓時，被芬威球場爆滿的觀眾飽以噓聲，有球迷甚至從他防守的外野丟鈔票下來羞辱他。最離譜的世仇案例是，紐約雪城一位九歲男童，因為身著沙巴西亞的T-shirt到校，竟遭紅襪迷老師罰他反穿T-Shirt，令他羞憤異常。兩軍仇恨之深，可見一斑。

我在想，建仔出身洋基農場，是血統純正的「布朗克斯族」，而且在紐約有相當的知名度，如果為了棒球生涯而轉戰波士頓，未來回洋基球場打球會受到何等「待遇」？原先「可能」不太喜歡他的若干紅襪隊員（如「老爹」歐提茲）會怎麼對他？而台灣因建仔而力挺洋基的球迷們，要改穿原本看來礙眼的「B」開頭紅色T恤，會否心中五味雜陳、百感交集？家中原來擺設的洋基紀念品，要不要一股腦全扔進垃圾桶裡？

最令人尷尬的是，如果建仔穿上紅襪制服，本來台灣球迷跟著「恨之入骨」的世仇，會不會在瞬間忽然變得可親可愛了？

法國名作曲家尚・諾罕（Jean Nohain）曾說一句頗耐人咀嚼的名言：「敵人？根本不存在，他們只是尚未與你共進午餐的人罷了。」（Enemies? They don't exist. They just people whom you haven't had lunch yet.）是呀，我們常因某些刻板印象而盲目地對特定的人事物心存敵意，等到偶然機會接觸那些意識中的「敵人」，往往會發現其實他們並不那麼可憎。相信在建仔加入洋基之前，很多球迷都只憑著過去「邪惡帝國」的稱號而厭憎財大氣粗的「北美佬」，後來卻大大方方穿上洋基T-shirt，甘願成為帝國的「奴隸」。我想若建仔轉去紅襪，所謂「世仇」，將會有全新的定義吧？

愛或恨，常常在一念之間風雲變色，稍微推開點想，不知道這夠不夠成為島內藍綠仇恨，或是兩岸敵對的某種啟示？或是至少提醒洋基，海外市場得來不易，但轉眼被「死敵」搶走卻很簡單？

二〇〇九年十二月廿九日

王建民第二春——關鍵時刻

美語稱「投手」為pitcher，不只表示「投擲」的動作而已，而是具有「組織」的意思，把投手看成一個故事或歌曲的編寫者，讓節奏有快有慢、有高有低，如此才能曲折迷離、扣人心弦。對王建民而言，即將重返睽違兩年的大聯盟，筆者相信他應已體悟，若要東山再起，恐怕不能再像以往般當個下沉球的thrower，而是必須努力使自己成為一個投球內容豐富多變的pitcher。

連續在3A的兩場復健賽，建仔的下沉球似乎都沒有到位，以致被擊出的安打既多也紮實，反而因為搭配了其它變化球，才使得場面尚不致完全失控。這說明建仔若能善用投球節奏，即使拿手的下沉球仍在尋求過去的球感，也還能勉強穩住陣腳。

離開球場兩年，而且肩膀曾受過傷，不論是就生理或心理來說，建仔都不必也不易再現以往那種動輒九十二、九十三英哩的下沉球威力（太過用力催球速，可能造成再度受傷）。因此，對手結實擊中其下沉球的機率相對也就提高不少。尤其回到大聯盟，打者強度與經驗又更上一層，若要以目前均速不到九十哩的下沉球面對更難纏的對手，實非易事。

如此看來，建仔恐怕不能再像過去般只倚賴招牌下沉球。依我陋見，目前效力於洋基隊的「老」投手賈西亞（Freddy Garcia），也許是值得建仔觀摩學習的對象。

現年三十五歲的賈西亞最早效力於西雅圖水手隊，生涯最輝煌紀錄是單季十八勝六敗、三．〇五的自責分率（當年拿下美聯ＭＶＰ），那年是他加入水手的第三個球季，時年才廿六歲。此後漸走下坡，十年內兩進兩出白襪，並曾轉戰國聯的費城人，今年才落腳洋基。

十多個球季征戰操勞，加上曾經受傷，老賈已經無法再投出超過九十英哩的速球，但他卻已經領悟了「以柔克剛」之道，充分利用他拿手的指叉球與變速球，搭配偶然出現的八十八英哩快速球，快慢高低左右飄忽不定，竟也能耍得對手抓不到正確的擊球時機，以致今年到目前為止共先發十七場，雖然只拿下八勝，但防禦率卻是耀眼的三．二一（這是他生涯次低的ERA）。

老賈擅長的球路，王建民都會，重點在於如何投得更到位（印象中建仔的控球一直不太穩定）。我們自然很期待建仔能再現過去滾地球王子的風華，但若礙於生理條件限制，相信球迷們會更希望建仔切勿勉強催球，而是設法轉型成像賈西亞般的投手，以銳利的進壘角度及快慢落差的球速來重建他事業的第二春。

二〇一一年七月廿六日《中國時報》

輯二 他山之石

唯有堅持某種不可褻瀆的高貴理念，
人才能在取予之際，做出正當且瀟灑的抉擇。

球星與戰爭

美式足球明星提爾曼（Pat Tillman），放棄高達三六〇萬美元的年薪，毅然從軍遠征阿富汗，卻不幸於上週在一場突襲戰役中陣亡。

儘管有人說提爾曼可能係遭自家人的砲火誤擊，但無論如何都不能減損他英勇、愛國的形象，畢竟放眼當今天下，甘願放棄豪屋美車而以生死衛國者能有幾人？

提爾曼生於一九七六年十一月，一九九八年在NFL（美式足球聯盟）第七輪選秀被亞歷桑納紅雀隊相中，二〇〇一年九一一事件後，他毅然放棄高薪，離開他心愛的妻子，於隔年七月加入美軍遠征伊拉克及阿富汗。至二〇〇四年四月廿二日遇劫，他令人緬懷的一生，僅維繫了短短廿七個年頭。

提爾曼的故事，讓我聯想起同樣以廿七歲英年殞落於戰場的日本職棒巨星澤村榮治（一九一七～一九四四，日本職棒投手「澤村賞」即為了紀念他）。一九三四年，由巨星貝比．魯斯領軍的大聯盟明星隊赴日交流。在此之前，兩軍交手百餘場，日本僅拿過兩次勝利，實力之懸殊可見一斑，該年亦不例外，大和軍團十六戰全沒。不過，當時年僅十七歲的澤村，卻在一場對抗中獨撐九局，並且連續三振包括貝比．魯斯及「洋基之光」賈里格在內的四名球星，球威震驚美、日棒球界。雖然最終他還是在第七局被賈里格轟出陽春砲而飲恨，但傑出的表現卻在一夕間成為全國景仰的英雄，日本棒球界受此鼓舞，二年後便成立了職業球隊。

一九三六年，澤村被選入巨人隊，秋季賽便拿下勝投王榮銜，並投出日本職棒史上首場無安打比賽；隔年春季賽他更形威風，以廿四場完投、廿四勝的佳績蟬聯勝投寶座（當時每年只有五十六場比賽）。只可惜，隨著二次大戰爆發，日本職棒停停打打，自一九三八年至一九四二年，澤村僅出賽了三十二場，旋即於一九四三年受徵召投入戰場，翌年十二月二日戰死於台灣基隆附近海域。

澤村投入戰爭的那年，太平洋西岸的敵方陣營中同時熠耀著巨星風采。甫於一九四一年創下連續五十六場安打紀錄的「洋基快艇」狄馬喬（Joe DiMaggio）及與他瑜亮情結、締造單季打擊率四成〇六的紅襪巨星泰德．威廉斯（Ted Williams，兩人的紀錄皆被喻為大聯盟史上最不可能被超越的成就）也都放棄正值顛峰的事業，陸續加入美國空軍，其中威廉斯還完成飛行訓練，準備駕機投入戰爭。但顯然他們都比澤村及其它職業球星幸運得多，最終均平安重返球場（據統計，光二次大戰期間戰死於沙場的「美式足球」明星至少有廿一人；美國職棒小聯盟的明日之星則不計其數）。不過，威廉斯似乎對二戰時無法殺敵報國耿耿於懷，以至一九五二年韓戰爆發時，他堅決地再度從軍，期間他的座機兩度遭敵軍炮火擊中，但都逃過一劫。最後他因嚴重水土不服並感染肺炎，於一九五三年光榮退役。

檢閱這些球星的故事，我忽然有所領悟：一個人如何能創造璀璨、令人景仰的成就？關鍵即在為了某種抽象的信念（姑不論這個信念的意義如何），他們可以毅然放棄任何世俗定義的成就。如果提爾曼不隨軍出征，他未來的年薪將不止三六〇萬美元；如果不投入戰場，澤村榮治的生涯紀錄不會只停留在六十三勝、泰德．威廉斯的全壘打總數也將不止五百支、狄馬喬也許有機會把連續安打場數繼續推進，棒球迷們或許有幸一睹東、西方巨星的投打對決……。然則這又如何？我相信在這些偉岸之士的心靈中，生命的意義絕非任何有形的數字可以表彰，而是在某種無可如何的危難時刻，挺身而出迎向生死挑戰的勇氣。

二〇〇四年四月廿五日

瓦倫泰的啟示

《民生報》二十日社評提出對興農牛此次在「亞洲職棒大賽」的總檢討，筆者閱後深有同感，並希望提供些許個人見解，特別是關於教練養成的問題。

先看看此次給興農牛十分難堪的羅德隊。繼月前於日本職棒獲得隊史三十一年來首座總冠軍後，千葉羅德隊又在「亞洲職棒大賽」中連勝掄元，向來評論嚴謹的日本媒體一致推崇該隊美籍監督瓦倫泰（Bobby Valentine）居功厥偉。因此，羅德高層決定以年薪四百萬美元的「天價」以及「永久監督」的榮銜（在日本職棒而言）嚇退來自美國職棒的競爭者，留下這位曾經歷任遊騎兵、大都會教頭，在「大聯盟」勝率超過五成，並於短短二年間將羅德從「傳統爛隊」拉拔為日本第一、亞洲第一的超級監督。

瓦倫泰究竟有何能耐，可以帶著一群以往對手很少放在眼裡的球員連敗由王貞治、岡田彰布、宣銅烈等日、韓人民眼中的棒球英雄所領軍的一流強隊？只消看他在亞洲職棒大賽中總是以明顯低於韓國三星隊安打數卻能掌握贏球的契機，以及四場比賽變換四種打序便可了然於胸。一個總教練不僅要知人善任、因材施教，最重要是能知己知彼，判斷明確，完全掌握戰前的情資與戰場的節奏，適時做出必要的調整，瓦倫泰顯然具備上述的特質，而這也是台灣職棒教練有待徹底磨練與學習的地方。

自從興農牛慘遭羅德「修理」後，國內媒體掀起激烈的檢討聲，有些合情合理，有些則不免強人所難。在筆者看來，中華職棒的球員都有很好的素質，之所以無法有明顯的進步，除了欠缺絕佳的誘因（薪水較低）、經常被過度使用、訓練及比賽環境不佳等負面因素外，教練專業度也是一個相當重要的關鍵。質言之，棒球是一種非常注重團體分工的細膩運動，隨著球員素質不斷提升，球隊競爭益形激烈，作戰及訓練觀念也必須與時俱進，總教練便是統合一切的靈魂人物。從臨場表現來看，台灣的職棒往往戰術呆板、策略模糊，經常處在靠蠻力或運氣贏球的混戰中，這或許是因堪用的球員少，以致「巧婦難為無米炊」；但教頭缺乏新觀念，不能洞悉球場變化絕對是無可忽略的主因。說實在，我們不能再靠「土法煉鋼」來與世界強隊一較長短。

唯無奈的也在這裡，畢竟四百萬美金不是國內任何一支球隊可以出得起的價碼，日本人的大手筆確實令咱們羨慕不已。瓦倫泰續留日本，除了能令羅德隊繼續保持強隊之姿外，最重要的是對手為了贏他，勢必要不斷與之鬥法，無形中也就激化了日本職棒在觀念上、技術上的變化與進步，長此以往，國內的棒球發展只會愈來愈落後給日本。如今我們雖然有很多優秀的選手旅外，吸收世界第一流的棒球訊息，但要有幸等到他們回國傳授這些「功夫」則尚有時日可待，屆時別人又不知跑在咱們前頭多遠了，更何況，好球員不見得會是好教練。因此，筆者希望體委會或棒協、職棒聯盟應有計畫培育「國際級」的教練，或者高薪聘任世界一流教頭來台擔任講座；或是把有潛力的教練送到國外長期觀摩學習，這樣才能讓台灣的棒球運動日新又新，跟得上世界的進步。

二〇〇五年十一月二十日

棒球與人道關懷

美東時間九月六日的洋基官網刊登了一篇溫馨的報導：「克萊門特獎提名坎諾」（Cano nominated for Clemente Award），這個獎的設立是為了紀念前匹茲堡海盜隊（Pirates）的外野手Roberto Clemente（生涯共有十三個球季打擊率超過三成；四度勇奪打擊王頭銜；一九六六年國聯MVP；十二次金手套獎，二六六次外野長傳助殺幾乎已是大聯盟「神話」）。這位姓氏與「慈善」（Clement）一字相近的運動員生前致力於關懷弱勢，卻在一九七二年十二月三十一日親自駕機運送地震救援物資赴尼加拉瓜途中，不幸遭遇空難而溘逝。他最令人感佩的名言是：「當你有機會為世界做些不一樣的事時卻不去做，等於是在浪費自己的生命。」（Anytime you have an opportunity to make a difference in this world and you don't do it, you are wasting your time on this earth.）

眾所周知，坎諾的父親曾在台灣打過職棒（統一獅隊，被取了一個不太好聽的名字叫阿Q），也是王建民的好朋友。但大部分的人並不知道這位年輕的二壘手充滿愛心。他在「菜鳥年」時，四度跟隨前洋基隊老將Ruben Sierra造訪設於赫肯色大學醫學中心（Hackensack University Medical Center）的Joseph M. Sanzari兒童醫院，受到醫院病童笑容的鼓舞，自此下決心要持續關懷這些受苦的孩子，他甚至也影響了新隊友Melky Cabrera加入這個行列。

坎諾表示，Roberto Clemente是他小時候的偶像（實則Clemente幾乎已是拉丁美洲的神話人物），但當他長大後，對Clemente的景仰不止是棒球成就，更多是他對人的真誠關懷，他說：「Clemente關心小孩與窮人的方式令人難望項背，但我希望自己能與他一樣。」坎諾的話深具啟發性，原來作為一個棒球人，除了在運動場上為人們帶來歡樂與鼓舞外，也能在無奈而殘酷的現實世界裡，幫助身陷貧病者，從絕望中喚醒一絲希望。

這讓我想起台灣職棒低迷的現況。雖然偶爾可以在報章上看見某些球員赴醫院或慈善機構關心弱勢族群，但多半都只是在球季中匆匆來去，且次數相當有限，而不似坎諾般連非球季時間都定期到醫院為病童打氣。更令人遺憾的是，至今中華職棒的比賽都還脫離不了賭博、放水的陰影，以致令球迷逐漸失去信心，票房當然也就宛如落葉飄零了。台灣如今正陷入極度的社會危機裡，暴力、自殺的事件時有所聞，如果我們的職棒經營者願意多花點心力作公益，並且鼓勵球員參與慈善工作，發揮其作為明星的影響力，不僅對社會有益，也可以塑造職棒清新健康的形象，喚回球迷的支持與認同。

二〇〇六年九月八日

洋基開幕戰投手不一定要小王

今年美國職棒洋基隊的開幕戰投手會是誰？官方網站推測應是王建民，台灣球迷引領期盼的也是他。唯老教頭托瑞就是不肯鬆口，可能因為今年隊上回來了另一位洋基迷心中的大英雄——安迪．派提特，而他春訓熱身賽的表現可比建仔略好一些。

派提特也是洋基農場培養出來的好手，更榮膺該隊四年的勝投王（96、97、00、03），一九九六年至二〇〇〇年「洋基王朝」的大功臣（最膾炙人口的一場比賽是一九九六年世界大賽第五場，完封由大投手John Smoltz領軍的勇士隊）。他在球場上表現非常專注，而且對情緒毫不掩飾，踢土、握拳、狂吼，剛好對上紐約客的味口；但私下他卻又是一位虔誠的天主教徒，潔身自愛且謹言慎行，經常把家庭掛在嘴邊，所以廣受輿論的喜愛。此番他重回紐約，若用「萬眾矚目」來形容，大概不以為過。

比較起來，咱們建仔在紐約人心中的地位，恐怕是不及「老派」的，若我是死忠的紐約客，絕對更希望在洋基開幕戰看到老派登板。戰績如何是其次，重要的是棒球對老美的意義乃在，它是美好的記憶，也是真情流露的時刻。筆者一位自小在布朗克斯（洋基主場所在）長大的美國朋友就曾說過：要看平素冷漠、尖酸的紐約人熱淚盈眶，只能到Yankee Stadium。因為到了那裡，兒子想起父親，父親想起祖父；還有百年來膾炙人口的經典比賽與非凡球星的故事，球賽喚醒紐約人的真情。

因此，可以想見的是，當開幕戰時老派站上投手丘，全場五萬多球迷絕對全數起立歡呼，歡迎那位昔日曾帶給他們榮耀與快樂的英雄重回紐約人的懷抱，並引領他們重溫舊夢、再創「布朗克斯轟炸機」（Bronx Bomber）輝煌的歷史（並且洗刷只會用重金挖角他隊高手的「邪惡帝國」封號？）而老派在二〇〇七年投出第一球的霎時間，大概也是噙著淚水吧？我想這其中關於情感的意義大於一切，恐怕不是去年多少勝投可以比擬的。

身為台灣人，筆者私心當然希望小王能榮膺開幕戰投手；但若最後此位被老派「搶」走，相信很多人也會像筆者一樣，衷心接受，且為其感動吧？更何況，換個「功利」點的角度想，從第二號先發開始，或許小王的壓力會小一點，反而可以如去年般，創造更多奇蹟。

老派說：「不管是第幾號投手，回洋基的第一場先發，就是我的開幕戰。只要能站上洋基投手丘，就是榮耀無比的事。」（此話絕對可以長驅直入、感動每個紐約球迷的心窩。）我們也應該用同樣的角度來看小王，管他是不是開幕戰投手、第幾號先發，建仔第一場主投就是台灣人的開幕戰，而他永遠是帶給我們榮耀與快樂、咱們心目中的「王牌投手」。

二〇〇七年三月廿日《中國時報》

三千支安打

三千支安打有多難？回顧美國職棒一百三十年的歷史，到今年球季為止也不過出現二十六位球員完成這項紀錄，若用「安打製造機」鈴木一朗每年可以擊出二百支以上安打的速度來換算，至少也得在大聯盟闖蕩十多年才能到達，其難度可以想見。日昨年逾不惑，卻仍一付娃娃臉的太空人（Astros）老將畢吉歐（Craig Alan Biggio）單場擊出了五支安打，也成為大聯盟史上第廿七位「三〇〇〇安俱樂部」的成員。

這位在美國職棒家喻戶曉的球星，自一九九八年進入大聯盟後就一直待在太空人隊，總計為太空人出賽二七八一場，生涯打擊率高達二成八二（長打率四成三五），上壘率則為三成六五，七度入選明星賽，可謂休士頓最受歡迎的球星、鎮隊之寶。他還有三項為人津津樂道的紀錄：生涯四十九發首打席全壘

畢吉歐於2007年7月24日宣布退休，與兒子感動相擁。　圖片提供／達志影像

打（至〇七年五月五日止），高居國家聯盟榜首；大聯盟史上第一位擊出六百支二壘打的球星；此外，生涯二八三次遭「觸身球」也早把唐・貝勒（Don Baylor，曾是洋基球員，最後從運動家隊退休，一九九五年任落磯隊教頭，並獲國聯年度最佳總教練）於一九七〇至一九八八年間創下的二六七次紀錄遠遠拋在後面。屹立美國職棒二十個球季，畢吉歐的丰采絕不遜於克萊門斯（Roger Clemens）或全壘打王貝瑞・邦斯（Barry Bonds）。

當畢吉歐於六月二十七日第三局從釀酒人投手Claudio Vargas手中擊出第二九九七支安打後，大家都在猜三千安會在何時出現，太空人的老闆Drayton McLane在賽前還做了「民調」，結果沒想到下一場對上落磯時，他就從既倒楣又幸運的投手Aaron Cook（他的名字將隨畢吉歐永遠被球迷記得）手中敲出了令太空人主場四萬二千名觀眾瘋狂不已、且帶有一分打點的安打。畢吉歐站上一壘，淚水盈眶地抱起衝上來祝賀他的兒子，這時整個巨蛋球場瀰漫著振奮而感人的氣息，世間再多的財富恐怕也換不到這輝煌片刻的千分之一。

而最令人感動的，除了家人、隊友、球迷及對手的致敬外，莫過於畢吉歐親自走向休息區，把昔日同袍貝格威爾（Jeff Bagwell）帶進場內、共同接受球迷歡呼的舉動。這位為太空人隊奮鬥了十五年的一壘手，在役時一直是老畢最好的朋友，兩人因為姓氏都是B開頭，棒次相連，遂與當時的隊友Lance Berkman及Carlos Beltrán（現大都會中外野手）一起，被封上「殺人蜂打線」（Killer B's）的美稱。不過，二〇〇五年貝格威爾退休，卻沒有得到球團一個應有的儀式禮遇，畢吉歐為此耿耿於懷，於是在這個原本屬於他個人榮耀的夜晚，把歡呼與他的好朋友分享，至情至性，令人動容。多數人都習於把眼光投置在職業運動員的「身價」與「紀錄」上，但畢吉歐展現對球隊與同袍的忠誠與溫情，無疑才是棒球之所以為美國普羅大眾鍾愛執著的主因。

眼下咱們也有王建民、郭泓志，以及許多等待機會躍升大聯盟的小球員們在世界棒球殿堂奮鬥，雖然我們也深切期待他們能在美國留下輝煌的紀錄；但更重要的似乎不是最終結果為何，而是在他們每一次出賽的過程中，那種全國球迷大家情感相連、共識凝聚的溫暖感受，這樣的力量若能從球場、轉播傳到社會各角落，我們實在沒有理由懷疑台灣的未來將充滿希望。

二〇〇七年六月三十日

只轉播洋基，對嗎？

今年球季開始，棒球迷天天都能在電視上看到美國職棒的比賽實況，但因為小曹、小小郭相繼受傷，台灣球員只剩建仔在大聯盟一枝獨秀，馴至國內兩家電視台所直播的賽事，八成都是洋基隊的比賽。這個情況引發一些異音，質疑電視台過於偏狹與現實，因為美國職棒共有三十支球隊，卻只「服務」洋基的球迷；有關洋基的戰況也占去了體育新聞絕大多數的時間與篇幅；郭、曹受傷後，道奇隊的賽事也跟著消失在螢光幕前……，如此作法似乎有違媒體多元觀點的原則。有網友甚至開玩笑說，民視與ESPN已經成為「邪惡帝國」專屬YES電視台在台灣的分部，讓原本就不怎麼喜歡洋基的球迷更加感到難受。

上述的質疑不無道理，卻也莫可奈何，畢竟在商言商，哪一隊的比賽收視率高，利益取向的媒體當然向它靠攏。十多年前美國職籃ＮＢＡ在台灣風靡襲捲，當時正是大帝喬丹的全盛期，國內電視台所轉播的ＮＢＡ比賽，也幾乎都以芝加哥公牛隊為主；數年前王建民尚未「出道」時，袁定文博士曾在某電視台推出「抓住棒球熱」的節目，專門轉播美國職棒，因適逢「勇士王朝」，故Braves紅白相間的球衣遂成袁博士節目中最常見的身影。沒有觀眾看就沒有轉播，這是鐵錚錚的定律。

如果我們抱著「學習」的態度來看球賽，則電視台只直播洋基的比賽也就不顯得那麼偏狹了。說實在，若非王建民在美國闖出名號，帶動國內的「大聯盟熱」，即使洋基隊名號再響亮，請知名珠寶商「第凡內」（Tiffany's）設計的隊徽再好看，這個成軍超過百年的球隊也無法在台灣收服人心；但也正因建仔把洋基熱帶到台灣，才讓我們觀賞到世界最頂級的棒球比賽（曾有球評指出，大聯盟任何一支球隊、任何一位球員只要遇到洋基，一定把最佳的球技展現出來，所以與洋基的比賽通常是最好看的），理解國內棒球發展的缺點，也從這支豪華軍團的行止中見識到美國人細膩的一面，並且看見自身的不足——不僅在棒球這一面。

很多人以為棒球比賽不過是十個人同時在一座球場上的投打守對決而已，殊不知「台上一分鐘，台下百年工」，從場下的球員訓練、交易、管理、紀錄，到場上的戰術運用、先發輪值、板凳深度，乃至球場外的行銷……，美國職棒分工之細、留意的層面之廣，幾乎就是一個極有效率的政府的縮影。如果我們能專心收看洋基隊的每一場比賽，留心其球隊的一舉一動，不僅可以深入理解職業運動的樂趣，甚至可以對它做文化、經濟、社會等層面的專門研究，其間啟發性相當可觀。

舉例來說，史學家黃仁宇曾指出，中國古代王朝在行政上最弱的一環，莫過於「不能在數字上管理」，這句話若用到眼下的台灣，一樣適用。我們的文化對於數字統計、資料管理一向馬馬虎虎，這在競爭激烈的廿一世紀全球化市場無疑是個大缺點，若把眼光向美國職棒一轉，可以發現他們對於球員的各項紀錄，都有十分明確的數據，幾乎我們可以想到的紀錄都有；而且他們在一百年前規劃球場時，也早已為了百年後預作準備。這樣的細膩與遠見，無疑是造就美國可以在廿世紀以後稱霸世界的主因。

我們常聽人批評美國的霸權主義，但回過頭想想，人類世界猶如一個大叢林，沒有實力，就很難生存。一粒沙可以看世界，同樣的，我們也能從洋基隊的比賽中，發現一些對自己有利的啟示。

二〇〇七年八月三日《中國時報》

老穆能給建仔什麼啟示？

綽號叫「麋鹿」（Moose）的洋基三十八歲老投手穆西納，日昨以拿手的「彈指曲球」及「變速球」令打擊一向強悍的印第安人隊吃足苦頭，並且拿下他效力洋基隊的第一百勝。這位王建民口中對他指點最多的前輩，自一九九一年登上大聯盟後，除第一年外（當年只出賽十二場），已連續十五個球季拿下十勝以上（今年若無意外，應可「連莊」），這項紀錄傲視今古，被視為是老穆未來進名人堂的最大「資本」。究竟這名用三年半便取得名校史丹福大學（Stanford University）經濟學位、打美式足球同樣「嚇嚇叫」、右投卻左打的怪傑能給咱們「台灣之光」什麼樣的啟發？

即使出生於赫赫有名的世界少棒錦標賽主場地「威廉波特」（Williamsport, PA），地靈人傑再加天資聰穎，穆西納也絕不是只靠上帝的庇佑就能擁有不凡成就的。那麼關鍵何在?老穆曾表示,他看到新秀休斯(Phil Hughes)在前一場用「變速球」(change-up)掌控全場,因此也想來個「如法泡製」。筆者以為,這就是他最值得學習之處,也是成功的基石。一個縱橫世界棒球殿堂十六年餘,生涯累積已達二百四十七勝的「大投手」,竟是虛心地、細心地觀察後生小輩(休斯是洋基最年輕的菜鳥)的投球,並且絲毫不覺羞赧地說想模仿對方,證明他自己也不斷在學習、在進步,不因早已揚名立萬而自滿,這無疑是穆西納能給年輕小將們最大的啟示。

前洋基王朝的主戰捕手、三度美聯最有價值球員、生涯連續十五年入選明星賽的尤吉·貝拉(Yogi Berra)曾說:「棒球,百分之九十九靠毅力,其餘才是體力。」(原文:「Baseball is 90 percent mental. The other half is physical.」直譯為:「棒球百分之九十靠精神,另外『一半』靠體能。」有人因此開貝拉玩笑,說他數學不好。)深入體會他的話,那麼所謂的「毅力」,就是一種不畏失敗、不斷自我超越的精神,其中自然深蘊著了解自我缺陷,並能虛心學習以求精進的智慧。從穆西納年初因受傷而投得跌跌撞撞,到他目前四連勝,且防禦率只有二·八五的過程來看,這位曾經差一位打者就可締造

「完全比賽」（perfect game）的大投手顯然深黯貝拉的「毅力」之道。筆者也相信，當老穆在場邊仔細觀看休斯的投球時，除了「不恥下學」的謙虛外，他同時也在用心觀察即將面對的打者的習性與近況，思索克敵之道。棒球對老穆而言，除了技術與體能外，最重要的應是智慧吧？

建仔曾說，在洋基隊給他最多指導的就是穆西納；他同時認為，穆西納持續在進步，所以永遠不怕自己的技能被「偷學」光。建仔有這種體認，證明他已深刻理解老穆的致勝之道，這是非常難得的人生經驗。筆者以為，跟大聯盟那些天才級或長青級的投手比較起來，咱們的「台灣之光」無疑還是塊有待琢磨的璞石，而且他的優點就在「受教」，如果他不止能從老穆身上學到技術，更能虛心領受其人的毅力與智慧，那麼他將有機會成為與穆西納一樣成功的大投手。

二〇〇七年八月十三日

一位父親的眼淚

棒球所以吸引人，除了球場上的氣、力外，最重要的是情感。

九月七日，坐在輪椅上的哈倫．張伯倫從內布拉斯州坐了三個多小時的車到堪薩斯皇家隊（Royals）的主場，只為等待他一手栽培長大的兒子賈霸．張伯倫上場投球。比賽進行到第七局，被喻為「克萊門斯第二」的張伯倫銜命為洋基固守一分領先的些微優勢，轉播單位把鏡頭帶向老張伯倫，他厚重的眼鏡下早已老淚縱橫。

這無疑是歷盡辛酸後的欣喜淚水，而且充滿信任與摯情。筆者於是聯想到，眼下中華職棒若干球員因收賄打假球而遭球隊開除，他們的父親知道後，是否也會流下辛酸的淚水？

棒球是需要用情感去經營的，不僅球員如此，他們的家人如此，死忠的球迷更是如此。很多人無法用真性情去看待每一場比賽，以致不解為何球迷要如此忘情地為自己喜歡的球隊（或球員）吶喊、雀躍，與飲泣。正因球迷往往用近乎家人般的摯情在支持自己喜歡的球隊，所以球員更應用最誠懇的態度賣力打好每一場球來回報，就像張伯倫矢言在大聯盟投出好成績報答他半身殘廢的父親養育之恩一樣。

前金鶯隊（Baltimore Orioles）的精神領袖瑞普肯（Cal Ripken Jr.，外號「鐵人」，創下連續出賽二六三二場的美國職棒紀錄，○七年入選名人堂）曾說過，若非球迷真情相挺，他恐怕無法堅持到破紀錄的最後一刻。這位大聯盟的傳奇球星總是把球迷當家人看待，主場出賽時，他甚至常常在賽後為排隊等候的每一位球迷簽名，直到深夜才驅車回家。相較之下，全壘打王貝瑞·邦斯一句「在大聯盟打球，不過就是生意」的冷言冷語（雖然他這句話也是因為不滿大聯盟的現實環境而發），以及對媒體、球迷不假辭色的態度，就不知傷了多少球迷的心，以致雖然迄今尚無證據顯示他有使用禁藥、或禁藥真能幫助他擊出更多全壘打，但多數的美國球迷仍無法認同他的成就。

據說張伯倫在被美國職棒相中以前，只能在社區的公園整理草坪、清掃廁所，但他那位全身只剩右手可以活動、獨力扶養一雙兒女長大，並啟蒙他走上棒球之路的父親，卻始終深信自己的兒子絕對是明日之星。摯情加上信任，造就了張伯倫璀璨的前途。筆者相信，國內職棒很多球員都有近似張倫伯般感人的故事，他們也都曾誓言要努力回報熱情相挺的親人與球迷，只可惜，若干人無法堅持，在面對利益與魔鬼的糾纏時，讓父親與視之如同家人的球迷的眼淚，從欣慰變成心痛。

日前中華職棒的球員齊聚一起，衣著整齊地向大眾宣誓，他們一定會努力再努力，堅拒利誘，誠誠實實打好每一場球，來回報球迷真心的支持。筆者與多數死忠的球迷一樣，都願意再給中華職棒一次機會，但也希望這些球員能凝視老張伯倫的眼淚，記得自己曾有的夢想與感動，讓看台上、電視機前每一雙期待的眼睛，都能得到最誠懇的回應。

二〇〇七年九月十日《中國時報》

洋基輸了嗎？

洋基輸了嗎？球場上是的，球場下則未必。

季中，正值球隊兵傷將老、青黃不接之際，幾位自家農場上來的年輕小子延續了去年王建民、坎諾及卡布雷拉「菜鳥當家」的戲碼，鼓舞球隊士氣，成功扭轉戰績殿底的劣勢，讓這支原本老態龍鍾、迷信大牌的百年隊伍看到了新的希望，打出新的隊形，甚至可能因此變化出新的經營策略、洗刷「邪惡帝國」的汙名，並創造另一段貨真價實的「洋基新王朝」。這般看來，「北美佬」（Yankees）並沒有輸。

王建民輸了嗎？季後賽是的，而且很徹底；但展望未來則未必。這一次慘痛的教訓，可以幫助他更了解所處環境的「險惡」，發現自身的不足，並省思如何更上一層樓，如此想來，建仔贏得難能可貴的經驗。

球迷呢？洋基更不可能輸。除了建仔旋風襲捲寶島，延燒彼岸，為洋基打下亞洲利基外；「火球小子」張伯倫更在短短一個月間征服世上最挑剔的球迷，取代隊長吉特成為新的球隊偶像，並有機會開啟另一段球星傳奇，大大提升了百年老店的可看性。不管今年最後哪一隊得到世界大賽的桂冠，美國各地的洋基迷肯定都不會減少。

然則，洋基未來究竟能不能重返榮耀、裡外皆贏，端看球團能否理解上述諸事間的聯繫意義了。

經常收看美國職棒轉播的觀眾一定會發現，不論在哪一個客場出賽（國聯也不例外），洋基迷幾乎是無所不在，某些城市的洋基迷甚至比當地球隊的球迷還多。是什麼讓這支球隊成為美國人最鍾情的隊伍（同時也是最嫉恨的）？是一九七三年以後用銀彈打造「邪惡帝國」的大老闆史坦布瑞納（G. Steinbrenner）的功勞？恐怕不是。

與葛芬柯（Art Garfunkel）共同唱紅電影《畢業生》（*The Graduate*）主題曲〈沉默之聲〉（*The Sound of Silence*）的保羅・賽門（Paul Simon）曾在同專輯一首膾炙人口的歌曲〈羅賓森太太〉（*Mrs. Robinson*）中為洋基一代傳奇巨

星狄馬喬（Joseph DiMaggio，創下連續五十六場安打紀錄）的身影譜下耐人尋味的旋律：「你去哪了？狄馬喬，舉國眼神都因你而寂寞。」（A nation turns its lonely eyes to you.）許多人不解他的用意，多年後狄馬喬辭世，賽門在洋基球場為他獻唱此曲後，才用極為哀傷的口吻解釋，當世人都沉淪於流行文化的紙醉金迷時，他深深懷念狄馬喬忠誠與沉默的純真風度。

筆者以為，暫略去歌曲中的政治寓意不論，賽門所言正暗示著洋基所以能風靡全美的原因。一百多年以來，一個接著一個的傳奇球星以其專業而真誠的態度追求棒球場上的榮譽，不僅為個人寫下輝煌紀錄，同時也為洋基贏得他隊望塵莫及的桂冠總數。表面看來這些榮耀是靠著技術贏得的，世人也是因此而醉心於洋基；但深入以思，不論是貝比・魯斯、狄馬喬、米奇・曼托（Mickey Mantle）、尤吉・貝拉，乃至現在的隊長吉特、守護神李維拉等，都有一個足以創造或踵繼洋基光榮傳統的交集，並因此深深擄獲球迷的愛戴——他們都在洋基球場上耗去最珍貴的青春歲月，絕非那些為了高薪而來來去去的球星可以比擬。

如今洋基第三度在季後賽首輪失利，大老闆正磨刀霍霍，準備像之前扔掉威廉斯（Bernie Williams）般地送走一些年事已高的元老與「暫時」不怎麼中用的自家新秀，或盤算著如何再施銀彈攻勢，從別隊買來一些為生意打球的大牌。果如是，那麼洋基只會離傳統愈來愈遠，離狄馬喬愈來愈遠，而且離真正的勝利愈來愈遠。

二〇〇七年十月十一日《中國時報》

托瑞的格調

這陣子美國職棒最受國人矚目的消息恐怕不是哪一隊獲得美國聯盟的冠軍，而是托瑞拒絕球團年薪五百萬美元、每晉級一輪季後賽再加一百萬「激勵獎金」（motivation）的合約，正式離開他掌兵十二年的洋基隊。

托瑞事後既嚴肅又感性地告訴媒體，雖然帶領洋基是他畢生難忘的經驗，但他覺得大老闆開出的「激勵獎金」，對他而言是一種「侮辱」（insult），因為那已令人感覺不到「信任」（commitment）。小老闆漢克．史坦布瑞納則反駁「侮辱說」，並提醒托瑞應該想想洋基曾對他的知遇；有人則認為老教頭當效中國古代的越王勾踐「臥薪嚐膽」，接受合約，好求明年一吐怨氣。

依筆者陋見，托瑞的職辭，全然符合其個人一貫的格調，值得所有人尊重。

這位一九四〇年出生於紐約布魯克林的棒球人，職業生涯榮耀無數，不僅當球員時傑出（曾獲一九七一年國聯最有價值球員、打擊王）；轉任教練後更是成就非凡，二次獲美聯年度最佳教練，勝場數超過二千場（史上排名第八），執教洋基十二個球季，年年率隊打進季後賽，六度在美聯封王，四次拿下世界冠軍……這些成績早已為其在「棒球名人堂」（National Baseball Hall of Fame and Museum）預約一席之地。

然而托瑞最為人稱道的並不只在球場上實際的成績，而是他集勇者與紳士於一身的格調（自幼與之熟稔的紅襪教頭法蘭柯納Terry Francona即盛讚托瑞是真正的紳士）。他自小在家暴陰影中成長，成名後遂以「平安在家」（Safe at home）為宗旨，創設基金會協助兒童免於家庭暴力；一九九八年他被檢出罹患攝護腺癌，卻仍無懼於病魔，率領洋基隊打出一一四勝——美聯史上最佳成績，且連續三年贏得世界冠軍。他將優雅與勇氣帶進這支原本即重形象的百年老隊伍（洋基球員規定不得蓄長髮、落腮鬍，客場移動必須著西裝），讓大聯盟最大牌的球星個個心服口服，在他的調度下合作無間；同時還得與全世界最尖酸的媒體、最挑剔的球迷，以及最現實的球團周旋，面對排山倒海的壓力猶能自信從容，僅憑如此即已足夠證明他能力超群，並贏得所有人絕對的尊重。

既然如此，托瑞說什麼也不能接受帶有質疑他經理能力、且如同以糖果誘騙不乖小孩聽話的「激勵獎金」。對托瑞而言，帶領球隊打進季後賽，甚至贏得世界冠軍本來就是一個教練應負的責任（成敗是另一回事，也不論拿多少薪資），將薪水分成「二階段」，等於不信任他有能力率隊挺進季後賽（連帶也否定了他過去的成績與對球隊的貢獻），彷彿拿下分區或美聯、世界冠軍是個「意外」，所以才發給他績效獎金，任何有榮譽感的教練相信都不會接受如此被「事先看扁」、甚至好像為了錢而非榮譽才努力帶兵的合約，更何況是一個優雅而絕不服輸的紳士？設若托瑞接受了這樣的合同，他的球員還會尊重他嗎？洋基還會是一支有格調的球隊嗎？

二〇〇七年十月廿五日《中國時報》

宜積極培養國家級教練

棒協日昨公布由洪一中出任新的中華成棒國家代表隊總教練。洪總教練不論擔任球員或教練時都有極傑出的表現，一般認為是極為適當的人選。但據媒體披露，在棒協遴選新教頭期間，不少「可能人選」都視帶領戰力「青黃不接」的中華成棒隊為畏途，深怕陷入「巧婦難為無米炊」的窘境中，重蹈亞錦賽教練團被譏為「調度不力」的覆轍。但綜觀本次世界盃及亞錦賽，中華成棒隊固然有球員戰力不足的問題，但教練團調度功力未臻圓熟也是不爭的事實。以筆者陋見，球員水準整齊僅是球隊勝利的「充分條件」而已，教練團平素的訓練，場外的運籌與臨場的調度，往往才是決定輸贏的關鍵。

因此，若要維繫中華隊在世界棒壇的強者地位，我們需要好球員，更需要好教練，而好教練的養成不能等優秀的球員退休後才開始，因為球打得好未必就具備帶領球隊的能力；選手生涯沒有耀眼成績的球員，有時卻可能更具領導統御的天賦、更懂得使用各種科學方法將球隊調整到高峰。

以美國職棒大都會隊的投手教練派特森（Rick Peterson）為例，這位優秀的投手教練過去曾執教過奧克蘭運動家隊（Oakland A's），連二球季（二〇〇二、〇三）帶領該隊投手群拿下美國聯盟全隊投手防禦率最低的佳績（分別是三．五八及三．六三），且調教出賽揚獎級投手奇托（Barry Zito，創下大聯盟投手最高年薪）及哈倫（Tim Hudson，今年洋基最「哈」的強投之一）、莫德（Mark Mulder，二十勝級投手）等名將（以上三人當年號稱運動家隊「Big Three」），轉戰大都會後更立即將全隊投手防禦率提升到國聯第三名。但最令人驚訝的是，派特森球員時代從未上過大聯盟。

這位外號「夾克人」（the Jacket，即使天氣暖和，他都穿著棒球夾克）的傳奇教練在一九七六年以自由球員身分被匹茲堡海盜隊（Pittsburgh Pirates）在第廿六順位選中，直到一九七九年，四年間他都未踏出1A一步。七九年後，他正式轉任小聯盟教練，經過近二十年的磨練，期間並曾擔任白襪隊（White Sox）的「運動心理學程」（the sports psychology program）助理指導員，終於一九九八年在運動家隊大放異彩。

派特森無疑就是「好教練」的典範——具有豐富的棒球知識（無論是生理的或心理的，乃至技術的），而且，最重的是：能夠「知己知彼」、懂得「因材施教」——即使他球員時期並沒有任何顯赫的資歷。依筆者陋見，一個球員自幼打球，到成棒階段能入選國家隊，其基本技術都已臻成熟、「定型」（或者卡在某種瓶頸），教練在此時的功能已不是繼續對其實施基本訓練，而是針對每個球員的優缺點進行科學性分析，協助其在心理及球技上如何更上一層樓。此外，便是統合全隊戰力，根據球員的狀況及對手強度進行精密籌劃，模擬球賽的各種情況預備周全的調度模式，方能在比賽中從容應對，取得先機。換言之，好的教練最需要的不是體力、技術能力，而是腦力及見識力。

綜觀國內棒球環境，選手可謂人才濟濟，唯千里馬也需要伯樂，沒有好教練，資質好的球員再多也是枉然。倘若我們希望繼續維持棒球強國的美名，必須跳脫過去「好教練必然出身於好球員」的思維，儘快思考如何建立完整的機制，積極培訓像派特森這樣的好教練。

二〇〇七年十二月廿二日

洋基球場的倒數開始

二〇〇八年三月三十一日，啟用八十五年的「洋基球場」（Yankee Stadium）將正式進入封館倒數，那天是王建民的生日，而他也將登上投手丘，率領洋基球員開啟歷史性的一刻。

很難想像，一個來自經常被老外錯認為「泰國」（Thailand）的太平洋東方小島國、沉靜而靦腆的年輕人，竟能憑藉他一手渾重如鉛塊的快速下沉球（sinker）征服無數世界最拔尖的打者，並榮膺全美國最具指標性球隊的開幕戰投手，王建民是不折不扣的「台灣之光」，無法不令人因他而忽生驕傲之情、自大之心。

從一九二三年四月十八日啟用以來，洋基球場不知已孕育過多少傳奇球星。美國人心中永遠的棒球英雄貝比・魯斯（Babe Ruth）在這座別稱「為魯斯而建」（The House That Ruth Built）的球場啟用當天對紅襪的比賽中擊出致勝全壘打，並在一九三四年締造生涯第七百號全壘打紀錄；一生與魯斯「瑜亮情結」的「洋基王子」賈里格（Henry Louis Gehrig，外號「鐵馬」the Iron Horse，締造連續二一三〇場出賽紀錄，直到一九九五年才被「鐵人」瑞普肯打破），曾在此創下美國聯盟迄今無人能超越的單季一八四分打點，也曾因「肌萎縮性側索硬化症」（Amyotrophic Lateral Sclerosis）揮淚離開他一生鍾愛的洋基球場，並留下令後人永遠傷心懷念的臨終感言：「（因為你們球迷的良善與鼓舞，）直到今天，我都覺得自己是這地表上最幸運的人。」（Yet today, I consider myself the luckiest man on the face of the earth.）

就在賈里格去世的一九四一年，一生情繫瑪麗蓮夢露的狄馬喬連續五十六場擊出安打，為美國職棒設下了恐怕永遠無人可以超越的「狄馬喬障礙」。一九五六年，拉森（Don Larsen）在洋基球場投出世界大賽唯一的一場「完全比賽」；一九六一年，馬里斯（Roger Maris）把單季全壘打推向六十一支；二〇〇五年四月三十日，來自台灣的王建民在紐約連日陰霾中，初登板即助洋基取得連敗後的重要勝利……。

或許，當初洋基球場命名為Stadium時，便已悄然宣示其正穿越二千年時空，傳承古希臘競技場的榮耀與記憶，讓過去、現在與未來在瞬間的汗、淚相濡中交織併現吧？當我們看王建民俯身接起一顆打中下沉球上緣的軟弱滾地球時，刻下會錯覺站在一壘準備迎接他傳球的是同樣沉默而低調的王子賈里格；而在他因一記失投的變速球被水手隊洛沙德擊出粉碎「完全比賽」美夢的全壘打後，走上投手丘安慰他的卻是傳奇捕手尤吉．貝拉。過去的榮耀在剎時間交會，猶如電影《棒球逐夢旅》中的小男孩「喬」焦慮、怯弱地走進打擊區不知所措之際，重新看見一九〇九年海盜隊球星瓦格納（由Matthew Modine飾演）站在球場一方向他輕輕示範握棒姿勢般，恍惚間，一股動人的深情在胸膛起伏，伴著擊出的飛球，向無限的未來傳遞。

棒球曾經喚起台灣人在那段言論、生活都不甚自由的年代中窒悶的激情，也曾撫慰我們莫名其妙被世界矮化的悲憤心靈，為卑微的島國人民注入些許自信。如今，當王建民踩著過去一百年傳奇球星的足跡，準備開啟洋基球場另一段歷史之際，我們有幸恭逢其盛，如何能不傲岸地為他，也為所有台灣人寫下畢生難忘的隻言片語！

二〇〇八年三月三十一日《中國時報》

向野茂致敬

他是日本人，但他對棒球的鍾情與執著，卻值得全世界所有熱愛棒球的選手與球迷衷心景佩！

一九九五年，野茂英雄結束了與日本老東家「近鐵猛牛」（二〇〇五年解散，與歐力士隊合併）不太愉快的賓主關係，隻身前往美國，成為繼村上雅則（一九六四至六五年在舊金山巨人隊）後第二位加入美國職棒的日本球員，同時也開啟了二十世紀末期亞洲球員的大聯盟逐夢熱潮。儘管有人並不看好他能在美國職棒生存太久，但野茂硬是憑著他獨特的「龍捲風」投球英姿，與落差超過二公尺的指叉球在世界棒球殿堂迅速闖出萬子，第一年就榮膺國家聯盟新人王及奪三振王（累計成績十三勝六敗、二三六次三振、二．五四防禦率），一時之間，道奇「16Nomo」成為美國西岸家喻戶曉的大明星，並為剛由罷工

野茂英雄　　圖片提供／達志影像

傷痕中重新站起的大聯盟注入新的精神元素。

十三個球季過去，野茂在大聯盟的表現有目共睹，累計一二三勝的成績已為亞洲投手設下極難跨越的障礙，即使犀利如「台灣之光」王建民都得費一番工夫才有可能超越；而美國職棒史上第三快達到一千次三振，及第四位在兩個聯盟都投出「無安打比賽」的成就（一九九六年在道奇及二〇〇一年在紅襪），則不僅亞洲投手難望項背，其他來自世界各地的大聯盟英雄好漢也都不得不俯首稱臣，野茂是不折不扣的「英雄」，更是亞洲選手與球迷的驕傲。

然而野茂除了亮眼的成績膾炙人口外，他最令人欽佩的，莫過於絕不放棄、忍辱負重的運動家精神。他的手肘始終有傷，雖然不曾因此而停止過奮戰，但卻也經常成為被球隊交易的理由。一九九八年，他被交易到大都會隊，往後的三個球季，分別待過釀酒人、老虎及紅襪，並於二〇〇一年重回道奇，不過他的職業生涯也開始走下坡，二〇〇四年終被道奇釋出，許多專業球評都認為野茂的大聯盟之旅將從此劃下句點。然而他並未因此灰心，仍持續在小聯盟等待機會，二〇〇五年重登大聯盟，在坦帕灣魔鬼魚隊投出五勝八敗的成績，卻於季中再遭球隊釋出，浮沉於洋基及白襪的小聯盟系統之間近三年，直到今年四月十日才在皇家隊主場出戰洋基時重新站上他曾經揚名立萬的大聯盟投手丘。可惜的是，皇家隊又在日昨宣布將他放回小聯盟。

對一個曾經襲捲太平洋兩岸的明星球員而言，不斷被交易，甚至釋出，並擲回少人聞問的小聯盟，幾乎就是一種「凌遲」，身心所受的煎熬絕非常人所能想像，但野茂卻能無視於旁人懷疑的眼光，始終相信自己的能力，並且一秉對棒球的熱誠，絕不輕言退出職業球壇，即使昔日風光不再、容顏老去，也依然孜孜矻矻、從容而堅決，可謂是所有棒球人的典範。

日本人喜歡櫻花，據說是因為它開花的時候一次綻放，花謝的時候也全數同時殞落，頗似武士同生同死的精神，璀璨中帶著淒美。但我以為野茂的精神更像日本的國花──「菊花」，傳說中北國的菊花即使枯萎，也不會凋零，依然昂藏於枝頭，高貴而孤絕。如今野茂再遭挫折，他會因此放棄棒球嗎？無可質疑的，答案就像風中逐漸枯萎、卻絕不凋零的菊花般……。

二〇〇八年四月廿二日

棒球歷史學家

「棒球歷史學家」（Baseball Historian）？對自封棒球為「國球」的台灣人而言，可能是個既古怪又陌生的行當，但在棒球風行超過百年的美國，卻不折不扣是個令人尊崇的名號。日昨辭世的《芝加哥太陽報》（*Chicago Sun-Times*）運動專欄作家傑洛米．霍茲曼（Jerome Holtzman, 一九二六～二〇〇八），就是大聯盟官方於一九九八年正式聘任的棒球歷史學家。

唐太宗曾經說過：「以史為鑑，可以知興替。」透過對歷史的觀照，有助於我們領會成敗興衰的因果關係、思索如何面對當前或未來的挑戰，以及避免重蹈覆轍、開創嶄新的局面。就這一點來看，美國大聯盟之所以能發展為世界性的運動、締造每年上百億美元的商機，研究棒球各項紀錄與事件、用最精確的文字傳播棒球知識、並時時提供關鍵性建言的棒球史家，無疑居功厥偉。也難怪，每年「名人堂」（Baseball Hall of Fame）遴選球星時，棒球歷史學家必為評審要角之一。

霍茲曼就是這麼一位影響深遠的棒球專家。他自一九五七年起為芝加哥的報紙撰寫棒球專欄，仔細紀錄當地兩支球隊小熊（Cubs）與白襪（White Sox）的主客場比賽紀錄長達四十餘年。權威的棒球知識使他所提出的「救援投手」（Relief Pitching）應列入紀錄的建言，在一九六六年獲大聯盟官方正式採認；而自霍茲曼參與棒球名人堂遴選事務以來，從未有任何他不看好的球星能成功進駐古柏小鎮（Cooperstown，棒球名人堂所在地）。而他本人則因豐贍的棒球素養在一九八九年被選入名人堂，前小熊隊知名球星、同時也是名人堂成員的Billy Williams（小熊隊史上第二位獲背號退休尊榮的球員，二十六號）甚至封霍茲曼為「棒球長老」（the Dean）。

作為令人景仰的棒球史家，霍茲曼自有其堅定的棒球史觀。二〇〇一年，霍茲曼堅持一八八七年將保送視作安打的紀錄應被採認，因為他認為不應任意塗改歷史。雖然這個看法引起不少爭議，但我認為霍茲曼尊重歷史的態度令人佩服，足以使其享有「歷史學家」之美名而不愧，那些自封史家，卻忙著為某些野心政客竄改史實的「學棍」們，較諸霍茲曼謙卑而坦誠面對歷史的態度，應自汗顏才是。

自小成長於孤兒院的霍茲曼，十七歲進入《芝加哥每日新聞報》（*Chicago Daily News*）擔任影印工，至一九九九年從《芝城論壇報》（*Chicago Tribune*）退休，五十年的報業生涯為他贏得無數榮耀，其艱苦的奮鬥生涯、誠懇的處世態度以及膾炙人口的棒球評論等，已成為美國青年一代學習的楷模。他一生共留下六本著作，其中記載廿四位棒球作家口述歷史的《沒有歡呼聲的記者席》（*No Cheering in the Press Box*，初版於一九七四年，一九九五年再版增訂了六個章節），業已成為美國各新聞學院學生必讀的經典。

棒球在台灣也已發展百年，亦有不少業餘的棒球史家，但可惜的是，他們的撰著並未在這個一向以棒球虛胖民族自尊心的島嶼受到太多的注目，更遑論得到任何受尊崇的地位了。由此看來，台灣人是真的懂棒球、愛棒球嗎？

二〇〇八年七月廿五日

一個急流勇退的啟示

二〇〇八年球季勇奪廿勝的洋基投手麥克・穆西納在日昨宣布退休。總計他在大聯盟十八個球季（一九九一～二〇〇八），留下二百七十勝、三・六八投手自責分率的成績。

不少人跟筆者一樣，都認為並深切期待穆西納會繼續與王建民並肩作戰，不僅因為他是建仔的良師益友，更因為他冷靜且充滿智慧的投球風格。且以他靈活多變的球路，再繼續投個二年、榮登三百勝的頂峰應非難事。然而，這位擁有第一流名校經濟學位（三年半即取得史丹佛大學文憑）、相貌堂堂有如電影明星的大投手，卻選擇在生涯紀錄最輝煌的一年退休，眾聲惋惜之餘，不禁令人驚覺，他不僅球技好、沉靜卻迅捷有如北美麋鹿（穆西納的外號就叫Moose），最重要的是，他擁有過人的睿智，對世間的得失進退，了然於胸。

穆西納完成先發任務，向球迷揮手致意。　　圖片提供／達志影像

這就是「急流勇退」之道。也是一般人最難參透的至理。對任何人來說，名利、榮譽無疑深具誘惑力，尤其當一個人事業將要登上頂峰之際，要他立即離開奮鬥多年的戰場、不再眷戀掌聲與權勢，誠非易事，更何況，其實穆西納的棒球生涯——跟若干真正名利雙收的明星球員比起來——猶有些許遺憾。換言之，這個生涯紀錄始終與世界冠軍無緣、不曾拿過賽揚獎、沒有投出完全比賽或無安打紀錄、離三百勝仍有段小距離的「名投手」（直到拿下廿勝，穆西納才真正跨過棒球人眼中「大投手」的門檻），仍有其繼續留在大聯盟打拚的理由；且憑他一手變幻莫測的七彩球路，與五百三十七場先發的無懈可擊經驗，絕對有球隊願意重金禮聘，支持他繼續追尋更偉岸的榮耀。

然而，他卻可以像二〇〇一年九月二日在芬威球場對紅襪的比賽般睥睨一切。當成功解決之前二十六名打者、眼看一場「完美比賽」（perfect game）即將到手時，他卻被卡洛．艾維里特（Carl Everett）擊出二遊間的滾地安打，一時間，芬威球場交雜著歡呼聲與惋惜聲。多數的投手在這樣心碎的情況下恐怕很難再撐住場面（記得王建民錯失完全比賽後，立刻又被擊出一支二壘打），但我清楚記得穆西納僅凝視了右外野數秒，旋即轉身回到投手丘，若無其事地解決最後一位打者，默然面對世界最難征服的球場噓聲，依舊沉靜而優雅。我不敢說穆西納毫不在意，但他一貫自信從容的表現卻令人感受到一種坦然面對得失的智慧，僅是如此，便已完全彰顯出他的不凡，甚至超越了任何有形的紀錄。

行文至此，我不得不想起很多曾經權傾一時、叱吒風雲的人物，往往因為進退失據，看不透「急流勇退」之道，終於落得踉蹌狼狽的窘狀，政壇尤其如此。多數的政客常常迷失在權力的掌聲中，當事業達到巔峰時忘了退行之道，以致變得驕縱恣意，任情取予，不僅糟蹋了好不容易建立的聲名，最後甚至讓人完全忘了他曾經風光的一面。

「見好就收」固然不易，「見壞退場」同樣需要過人的智慧。有些政治人物坐上高位後，因為諸多主、客觀條件限制而長才難展，即使有心卻不能做出令人滿意的作為，此時若自承失敗而毅然引退，多少還能博得些許尊重，只可惜，看不破名利的束縛，用各種堂皇的理由繼續戀棧，即使權柄仍暫時在握，卻早已得不到一絲名譽與信任了。

穆西納早已成就過人，多數球迷肯定都會記得他，唯他急流勇退的智慧，無疑將令其成就更形不凡。政壇袞袞諸公，何不深自省而效法之？

二〇〇八年十一月廿三日《中國時報》

棒球與人生

就在投出今年最佳內容的刻下，建仔卻受傷了，而且初步估計必須至少一個月後才能再度登板。許多球迷驚聞這個消息時，都不禁忿恨扼腕，為什麼好不容易才從傷後被數度打爆的信心危機中重新振作，旋即又受了傷？難不成真的建仔流年不利，抑或命運就是這麼作弄人？

看棒球超過三十年，筆者如今忽然領悟到一個「真理」：棒球看起來雖然是項設計完美且規則明確的公平性運動，但卻與實際人生一樣，隨時充滿不可思議的變數，而且運氣常常影響一切。有時比賽看似一面倒，或像僵持不下，但裁判一個誤判，就可能讓戰局完全改觀。日昨洋基、藍鳥第四戰三局上，二壘審一個安全上壘的誤判，不僅沒收了洋基隊長吉特的防守美技、令藍鳥攻佔二個壘包，甚且是造成後來派提特被擊出三分全壘打的間接因素。從結果論看來，如果不掉那三分，洋基最後會以六比四勝出。

這就是棒球，同時也啟示著人生。很多人會抱怨裁判因素使得球賽輸贏變得不公，令人無法接受；然而，正因球場上有那麼多不可預料的狀況，增加了球賽的詭譎與不安，讓它更接近實際人生的波瀾起伏，悲喜交錯，所以棒球才會那麼有魅力。

二〇〇三年，上次拿下世界冠軍是在清朝末年（一九〇八）的芝加哥小熊隊好不容易打進國聯冠軍賽。關鍵第六戰，八局上半，當時以三比〇領先的小熊，眼看只要再守住一局便可進入睽違百年的世界大賽，卻沒想到，對手馬林

場邊傳說

「山羊魔咒」發生在公元一九四五年世界大賽第四戰。一位在小熊主場Wrigley Field附近經營酒館的希臘裔老闆Billy Sianis，因平素跟隨他一起到球場看比賽的寵物羊Murphy在當天遭觀眾抗議「太臭」、被小熊工作人員強迫離場，遂氣忿地向球團老闆Wrigley（即知名「箭牌口香糖」的經營者）發出「小熊永遠得不到世界冠軍」的詛咒。沒想到塞氏一語成讖，迄今已超過六〇年，小熊隊始終無法在世界大賽掄元。

魚的打者擊出左外野靠近觀眾席的飛球，小熊外野手阿魯本來可以接殺結束這局攻勢，但球卻被自己主場的球迷Steve Bartman從中截走。這個突如其來的意外讓小熊的「山羊魔咒」（Curse of the Billy Goat）再現，馬林魚單局狂下八分，並且連續贏得第七場比賽，再度令芝城球迷痛苦心碎。

自從王建民登上大聯盟後，前三年優異的表現讓當時正陷入政經危機的台灣民心忽然有了寄託，我們因他銳利的下沉球而振奮，也在他一場又一場的勝投中鼓舞出無限的信心。對很多失意人來說，他彷彿全民的領航員，正引領大家渡過烏雲遮天、雷電劈空的惡海，朝柳暗花明的希望之鄉緩步前進。王建民宛若人生乍然出現的貴人，給大家信心，讓我們欣喜。

但棒球本來就是有輸有贏的比賽，在多數專家眼中，它甚至被視作「失敗的運動」，因為被三振、刺殺永遠比擊出安打的機會高；投手勝投的次數也總是低於無關勝負與敗投的總合。

做為一個球迷，不論比賽過程如何、結果怎樣，欣喜或難過，都必須無條件照單全收——一如面對自己人生的所有遭遇一樣。

二〇〇九年七月十日

投捕之間

洋基當家捕手波沙達（Jorge Posada）最近飽受批評，原因是幾場由他蹲捕的重要比賽都輸得離譜，特別是上週與柏奈特搭檔，在世仇紅襪隊主場以十四比一懸殊比數見負的那場賽事。有球評認為波沙達的配球大有問題，是讓投手陷入泥沼的主因，尤其洋基以重金挖來柏奈特，就是看中他過去對紅襪投得虎虎生風，沒想到今年穿上條紋衣後，二次在芬威球場竟然都被對手電得灰頭土臉，擔任投手股肱的波沙達顯然難辭其咎。

這樣的批評是否中肯見仁見智，但波沙達近二年與隊上投手搭配經常出問題也是不爭的事實，反而備位捕手莫尼拉（Jose Molina）表現比他更顯稱職。重點是，上述的質疑提醒球迷，雖然投手看似主控球賽的進行，但捕手卻往往是影響比賽輸贏的要角。

此話怎講？捕手既是投手的搭檔，自然必須保持良好的溝通，以建立默契與互信。他必須熟悉投手的球路與臨場狀況，並明瞭每個打者的習性與弱點，再視當時場上的態勢，引導投手投出最適當的球種。同時，捕手是唯一在防守時可以同時監看場內各種情況與場邊教練指示的位置，因此他也必須扮演「場內教練」的角色，指揮隊友做出最適切的防禦布陣。這也是為何歷來大聯盟很多優秀的教頭都曾經是捕手的原因，國人熟知的道奇隊總教練托瑞即然。

以此看來，球威再凌厲的投手，若無聰明且機伶的捕手引導他配球，要贏得比賽也絕非易事。記得前年王建民差點在主場對西雅圖水手隊投出「完全比賽」的那場賽事嗎？八局上一出局二好球，眼見下一棒洛沙德也將輕易解決之際，波沙達竟然要建仔投一個他不太有把握的變速球，完全比賽就這麼被對手撈出去的全壘打瞬間粉碎。賽後美國的球評都不怪建仔「太聽話」，而是怪波沙達沒有弄清楚狀況，否則大聯盟有史以來的第十八場完全比賽就可能由王建民締造了。

好投手需要好捕手，那麼政壇呢？如果我們把最容易受球迷矚目的投手比喻成總統，那麼捕手顯然就是內閣閣揆了。實力普通的投手若能遇見像洋基傳奇球星Yogi Berra般的一流捕手，也可以投出高水準的比賽，然則優秀的強投豈可沒有聰明的捕手搭配？

洋基官網曾出現一則討論，是否應把「年事已高」的波沙達改去守其它位置（例如一壘），或是改任DH角色。這種看法絕非空穴來風，畢竟波沙達已經略有老態，為了球隊未來的發展，這樣的調度雖然殘酷，卻有其必要。政府也是一樣，面臨莫拉克風災的嚴厲考驗，讓馬政府不僅疲態漸露，甚至有些醜態盡出。如何強化「投捕搭檔」，無疑是馬團隊必須審慎思考的要務。

二〇〇九年八月三十日

球賽．誤判．人生

大聯盟分區季後賽出現了幾次誤判，洋基、雙城第二役十一局上，雙城強打貿爾（Joe Mauer）右外野邊線附近的二壘安打遭判界外；費城人叩關洛磯山第三戰九局上恰好相反，客隊一個自打球彈進場內，應屬界外卻被判安打上壘。這兩個誤判都非常「致命」，不僅影響該場比賽的勝負，甚至是造成雙城、洛磯輸掉分區系列戰的關鍵。

多數球迷必然都會覺得因裁判誤判而定輸贏的比賽不公平、勝之不武，客觀來看確實如此；但我卻認為這就是棒球扣人心弦之所在，也是其與人生最相仿之處。

我們經常為比賽中的好球／壞球、界內／界外或上壘／出局判決感到不平，甚至因其影響輸贏而義憤填膺、咒罵裁判，但奇怪的是，卻從未見過哪一場比賽因為誤判而取消或重來，為什麼？因為在一個公平的制度下競爭，雖是運動精神無可懷疑的真諦；但制度既需要人去執行，難免就會出現若干不能避免的差池，裁判就是如此。

再者，球場上的較量雖然要靠「實力」，經常左右勝敗的卻是「運氣」。一個平凡無奇的滾地球會因場地的不規則彈跳而形成致勝安打；內野上空幾乎必定出局的高飛球也可能由於氣旋作用而造成守備失誤。據說洋基、雙城分區賽第一戰，松井秀喜擊出高飛球的同時，空中的風速竟忽然高達每小時七、八十公里，一路「護送」著小白球飛越四百英尺的全壘打牆，將雙城隊幾乎一棒擊沉。試想，如果當時高空吹的是強勁的逆風，松井的三分砲會出現嗎？比賽結果又將會如何呢？「運氣」是比賽無可袪除的成分，裁判亦然，也無怪乎棒球界有句老話：「裁判也是比賽的一部分」。

所有的公平與不公平元素構成了一場比賽，讓我們在觀看中時而歡呼、時而惋惜、時而感嘆，就像實際的人生。我們都希望社會是公平的，所有人都可以站在同樣的起點去競爭，但事實上並非如此。先天無可選擇的部分，諸如生在什麼樣的家庭、聰明或愚騃等固已不必論；即使後天著意創建的制度，也多因有意無意的人謀不臧而出現令人失望的傾斜。以筆者所在的學術界為例，一篇論文匿名送給兩位或三位學者專家審查，這樣的制度看來公平合理吧？但，最後送到什麼樣的人手上，嚴謹的或草率的，卻經常是決定論文刊登或退稿的關鍵。這樣的狀況出現在社會各個層面，即使一切依著看似公平的制度走，但人為操縱的空間仍舊大到難以想像。

球場如人生，我們似乎不必對類似誤判般的世間不平事過度感嘆；但話說回來，人生畢竟不像球賽般輸球照樣有高薪可領、並且瀟灑地等待來年東山再起，多的是因一時失誤而遺憾終身的事例。而其中最值省思的是，我們的社會，從教育、醫療、法律到政治，究竟有多少藉著「公平制度」護航、卻大行人為干擾的醜事在坑陷依舊相信公理正義的樸實百姓？而有能力改變的主政者仍假裝沒看見？

二〇〇九年十月十四日

噓聲中的榮耀

一般人肯定都不喜歡被「噓」；但有時候，噓聲卻代表一種肯定與榮耀。洋基與費城人總冠軍賽第二戰第七局，看到佩卓．馬丁尼茲在洋基球迷滿場的噓聲中面帶微笑、昂然地緩步走下投手丘，我真為他那既狂妄又真情流露的詭異笑容感到無比欽佩。

這位號稱「神之右手」、來自多明尼加窮鄉僻壤的三十八歲大投手，無疑是最令洋基球迷痛恨的傢伙，因為他曾在一九九九年美聯冠軍賽代表紅襪狂電「北美佬」，七局只讓鑽石打線擊出二支安打，並且三振了十二人次；二○○三年兩軍再度遭遇，卻因互擲近身球而引爆雙方陣營衝突，佩卓在亂軍中推倒衝向他的洋基七十二歲老教練奇瑪（Don Zimmer）；隔年季後賽，洋基狠狠修理佩卓，報了一箭之仇，沒想到生性調皮的佩卓卻以半嘲弄的口吻說他從此要改口稱洋基為「老爸」，就這麼把他與紐約客的梁子結成死路（後來佩卓也到了紐約打球，但卻是落腳在洋基迷的另一個死對頭「大都會」）。

日昨重回「大蘋果」，佩卓已飽經滄桑，且「年事已高」、成績逐年下滑。唯令人既恨且敬的是，他竟在滿場「誰是你老爸」的噓聲中，冷眼獨向萬夫指，依舊以他凌厲的球路令「布朗克斯轟炸基」的強打群在前六局吃足苦頭，直到第七局因體力明顯不繼而被迫交出手中的馬皮球。退場時，超過一百分貝的主場叫囂聲依舊狂妄，但這位把畢生榮耀歸諸其窮困鄉梓，用掉大半積蓄協助故鄉興學鋪路的多明尼加英雄，卻在敗投陰影籠罩中依然傲岸自得，笑臉盈盈地昂首看著那些對他手舞足蹈、極盡嘲諷的球迷，用棒球場上幾乎從未見過的緩慢步伐走回一壘後方的休息區。

佩卓曾說，他童年時只不過是個鎮日呆坐芒果樹下，等著好心人施捨幾毛錢的窮小子而已，從沒想到有一天也能面對如此喧譁的場面……。原來，敵隊球迷的恨意、給他的噓聲，其實就是對佩卓棒球成就的最大肯定，所以他能抬頭挺胸地走下場。

佩卓只有一八〇公分高、七十七公斤重，置身動輒近二公尺高的大聯盟壯

佩卓・馬丁尼茲　　　　圖片提供／達志影像

漢群中，顯得十分嬌小。但他將家鄉父老無限的期盼與祝福揹在肩上，以絕不辜負他們的決心投出每一顆渾重而刁鑽的球（他曾說，自己是扛著故鄉在投球），如此深情令他的身影站在投手丘時忽然顯得特別巨大，還有誰膽敢輕視他？

客觀來說，佩卓．馬丁尼茲絕對不是個謙虛自持的人，甚至說他自大亦不為過。二〇〇三年美聯冠軍戰，他蓄意以危險頭部近身球挑釁洋基打者賈西亞（Karim Garcia），賽後卻向記者叫囂，說老賈是啥角色？怎能拿來跟他這種縱橫大聯盟十年的大投相提並論！但是，正所謂「有青才敢大聲」，若佩卓肚子裡根本沒料，再狂妄的宣言恐怕也引不起任何注意，觀眾大概連噓聲都懶得給。

所以，奉勸台灣老愛沾棒球明星之光的政客，不要老是被噓了就變成縮頭龜或忙著「改弦更張」、「從噓如流」，只要自覺直道而行、無可愧疚，不妨學學佩卓面對噓聲的酷樣吧！

二〇〇九年十一月二日

你看的每場比賽都乾淨嗎？

球場上「造假」的行徑，不止中華職棒的放水詐敗，美國大聯盟球員為了贏球以抬高自己身價而手腳不乾淨者比比皆是。

YouTube最近流傳一段絕對令洋基球迷尷尬不已的影片，內容是全大聯盟最貴的球星A-Rod在世界大賽費城人主場出賽時，球迷高唱「你用類固醇」（You use steroids）的片段。因為A-Rod前陣子坦承，他曾在二〇〇三年為了走出低潮而使用能增強體能的「禁藥」。此話一出，輿論譁然，很多曾經把他當成英雄偶像的小朋友更是傷心欲絕，球場上甚至有球迷拿著「騙子」的標語毫不留情地攻擊A-Rod，過去他曾經創下的輝煌打擊紀錄，也開始飽受各方質疑。

沒錯，在美國職棒圈，只要使用禁藥（主要是類固醇），那麼再偉大的成績都可能在瞬間從黃金變垃圾，因為在球迷心目中，那不是靠「真」本領，而是「作弊」，意義幾乎等同於「造假」。打破漢克．阿倫（Hank Aaron）生涯七五五支全壘打紀錄的舊金山巨人隊巨砲貝瑞．邦斯（Barry Bonds）就是最好的例子，美國的職棒專家們甚至推測他將因此永遠進不了名人堂。至於另一個巨砲塞米．索沙（Sammy Sosa），曾在一場比賽中打斷球棒，被發現他使用的竟是「夾層棒」（中間塞有軟木，以增加彈性），任憑他如何辯解，從此大家也不免懷疑，他以往創下的全壘打紀錄是真的嗎？

除了禁藥，用各種奇奇怪怪的方法增進投、打威力，也無法見容於球迷及輿論（例如拿超過規定長度的球棒，或是球棒上的松膠油塗抹過多等）。洋基守護神李維拉在美聯冠軍賽第三戰一個不經意的吐口水動作，就被「多事」的記者懷疑他對球動了不乾淨的手腳，因此球路變得更犀利難打（「口水球」Spit Ball是將唾液塗抹於球的一側，造成球在飛行過程中產生不均勻的空氣摩擦力，製造大幅度的變化，一九二〇年後雖被明令禁用，但近百年來依舊常有投手偷偷將口水塗在馬皮球上）。另一個顯例則是老虎隊名左投肯尼．羅傑斯（Kenneth Rogers），他在二〇〇六年與洋基的分區季後賽第二戰，以四十二歲高齡完全封鎖「布朗克斯轟炸機」，賽後有人發現羅傑斯的帽沿、手掌都留有黃色殘滓，懷疑他偷偷使用「松膠油」來增加投球的變化幅度。

雖然上述兩件事都無法獲得證實，但從球迷如此在意李維拉與羅傑斯是否使用「髒球」（dirty-ball）的反應來看，就可明白大家多麼希望自己所欣賞的每一場比賽都是乾淨、公平的。只可惜，在美國職棒歷史上，投手類似的造假行為實在不勝枚舉，比起作弊的打者好不到哪去。

在光鮮的紀錄下，誰能保證自己所看的每場球輸贏、每位球星的表現，都是乾淨、誠實的？但美國人不會為了不自愛的球星造假而放棄對棒球的愛與夢，這似乎才是面臨五度打球假事件嚴苛考驗的中華職棒球團，乃至球迷，最該細細思量之處。

二〇〇九年十一月二十日

顧人怨

《芝加哥太陽報》（*Chicago Sun-Times*）十二月九日刊出一篇令人讀來莞爾的報導，題為「超讚的擺脫：彌爾頓·布萊德利被交易到西雅圖」（Good riddance: Milton Bradley traded to Seattle），弦外之音顯然是樂見小熊隊終於把「不來得利」這個麻煩的傢伙像垃圾般掃地出門（riddance有「清除」的意思）。

布萊德利何以如此令芝城輿論討厭？這只消從他九年職業生涯中待過七個球隊就可心領神會，簡單來說，此君實在有夠「顧人怨」。他曾直言不諱抨擊芝加哥是個爛地方，並說這就是小熊何以一百年都拿不到世界冠軍的原因；在道奇隊時看明星二壘手Jeff Kent不順眼，隨口便指控他是「種族主義者」（這在美國可是非常嚴重的毀謗）；某次在外野，他拿起場外飛來的寶特瓶丟向觀眾；最誇張的是，他曾企圖到記者席去「堵」皇家隊（Royals）的電視播報員Ryan Lefebvre，只因不爽對方發表關於他的負面評論。

過於自我與火爆的個性使得這個棒球天分極高的壯漢始終聲名狼藉，唯這類型的人物在美國職棒史上可謂「江山代有，各領風騷」，老布一點也不寂寞。而我總認為，或許這就是為何「棒球名人堂」裡眾星雲集，但風範能長存人心者卻寥若晨星的主因吧？名列一九三六年首批名人堂球星的前底特律老虎隊（Tigers）標竿人物Ty Cobb就是個顯例。

這位外號「喬治亞桃子」（The Georgia Peach）、姓名發音接近中文「太可怖」的打擊天才的確頗令人毛骨悚然，因為他老兄最擅長的就是「連衝帶踹」的攻壘技倆，經常用釘鞋刺傷守方的球員，而且還頗為自得。最典型的一次是一九〇九年八月，在一場與當時「費城運動家隊」（Philadelphia Athletics）的比賽中，Cobb企圖盜三壘，但運動家三壘手Home Run Baker早已接到傳球準備觸殺他。Cobb為了閃避阻殺，竟側滑將釘鞋對著Baker鏟去，結果在Baker的右手劃出一道傷口。此舉令時年五十歲的運動家教頭Connie Mack十分不滿，痛批Cobb是「史上最骯髒的球員」（dirtiest player ever），費城球迷甚至對他發出「狙殺令」，搞得兩軍在費城遭遇時，球場必須布滿警哨以防暴動。

一張攝於一九一四年七月四日美國國慶日當天的照片似乎可以作為Cobb喜歡踹人的「佐證」：他的右腳正凌空對著聖路易布朗隊（St. Louis Browns）捕手Paul Krichell的下懷而去。明乎此，也就能理解為何美國詩人Ogden Nash（一九〇二～一九七一）會在一首題為*Line-Up for Yesterday*的詩中寫到：

C is for Cobb,
Who grew spikes and not corn,
And made all the Basemen
Wish They weren't born.

（C代表「可怖」／他生於釘鞋而非玉蜀黍／讓所有的守壘員／後悔走上世間路。）

難怪生涯常被媒體拿來與Cobb較量的貝比．魯斯會說此君是他畢生遇過最難纏也最討厭的傢伙，因為這尊來自喬治亞窮鄉僻壤的粗漢，器量實在不大，而且睚眦必報，以致不但隊友不喜歡他，連親身兒子都懼他如鬼神。他曾因口角狂扁一位幾乎沒有手的殘障人士；也曾對兒子學業表現失望，氣到直衝普林斯頓大學親手痛揍他一頓，從此父子兩人形同陌路，至死未休。筆者十分喜歡的一部美國電影《棒球逐夢旅》中，就把Cobb描述為一個陰險狠毒的傢伙。

Cobb總是與人格格不入，據說他很喜歡炫耀自己，卻不太相信別人，一生累積財富無數，但從不與親友分享，即使臨終住進病房，他還把股票帶進醫院，並且買了把槍以防被竊。以致當他去世時，竟然沒有任何至親前來送終，喪禮上只來了零星三位大聯盟退役球友，以及曾經接受他資助的喬治亞家鄉少棒隊員。

平心而論，Cobb也做過不少好事，特別是對家鄉貧童及少棒隊員長期的贊助與鼓勵，但粗暴、不擇手段的性格卻讓他「顧人怨」到了極點，所以即使棒球成就再高（Cobb生涯出賽超過三千場，共擊出將近四二〇〇支安打、八九二次盜壘成功，並且有超過五成的長打率、榮獲十二次美聯打擊王頭銜），依然無法像他終身視為對手的魯斯般贏得後人永遠的尊重與懷念。唉！性情與成就，孰輕孰重，似乎再明確不過了。

二〇〇九年十二月十一日

從戴蒙談起

洋基用潛力新秀小卡（Melky Cabrera）及一千一百萬美元的年薪，從勇士（Braves）隊換來了第四號先發投手瓦奎茲（Javier Vazquez），一般球評除認為將壓縮王建民重回洋基的空間外，也同時聯想到目前仍處「失業狀態」的前洋基外野手強尼・戴蒙（Johnny Damon），因為二〇〇四年美聯冠軍賽，「邪惡帝國」在三勝〇敗的優勢下，竟被紅襪逼到第七戰，結果瓦奎茲上場救援，遭當時身披紅襪戰袍的戴蒙轟了一支滿貫砲，造成洋基在第四局就以八比一遠遠落後，最終輸掉系列戰。

那一年，紅襪拿到睽違八十六載的世界冠軍，一舉打破「貝比魯斯魔咒」（The Curse of the Bambino），也留下了許多像大投手席林「血染紅襪」一類可歌可泣、令人回味無窮的事蹟。至於當年立下彪炳戰功的戴蒙，則在高調將繼續為紅襪奮戰的宣言後，被洋基重金挖走，從蓄長髮、落腮鬍的「摩登原始人」一變成為乾淨整齊的「北美佬」，惹得深覺情感受騙的波士頓球迷在他回到芬威球場比賽時，從外野丟鈔票羞怒他。

沒錯，就是鈔票，多數大聯盟球星努力奮鬥的目標，鈔票的魅力讓他們不斷鞭策自己提升球技、爭取好成績（或是不惜賭上身體與名聲，濫用禁藥），以求「更上一層樓」，但卻也可能使他們愈來愈現實，忘了球迷付出的熱情，甚至因此斷了自己的「後路」，戴蒙是個活生生的例子。他老兄已經三十七歲了，外野守備能力明顯退化，卻仍舊相信經紀人波拉斯（Scott Boras，同時也

場邊傳說

「貝比魯斯魔咒」：一九一八年波士頓紅襪隊獲得世界大賽冠軍後，老闆卻因為財務問題，將陣中王牌球星貝比魯斯（Babe Ruth）高價賣給死對頭紐約洋基隊，波士頓人得知消息後深感失落與憤怒，盛傳貝比魯斯曾說：「我詛咒紅襪隊在我死後一百年內永遠拿不到總冠軍！」紅襪隊在後來八十六年內果真與世界大賽冠軍無緣，直到二〇〇四年才再度封王，破除魔咒。

是松坂大輔的經紀人，有人說他是大聯盟最厲害、卻最惡名昭彰的球員仲介）可以助其爭取到洋基每年千萬美元的肥約，結果比勢利絕不輸人的洋基總經理「現金男」（Brian Cashman）棋高一著，硬是讓神通廣大的波拉斯碰了一鼻子灰，戴蒙也跟著成了失業族。

這令筆者聯想到二〇〇六年因腦中風驟逝的「雙城先生」（Mr. Twins）派奇特（Kirby Puckett，二〇〇五年被選入名人堂）。這位身長約莫一百七十公分出頭的「小巨人」，是一九九一年雙城得以戴上世界冠軍戒指的大功臣，不僅率隊從二勝三敗的絕境中重生，更在最終戰靠著美技沒收勇士隊坎特所擊出的「準全壘打」，助獨撐十一局的投手摩里斯（Jack Morris）以一比〇擊敗由名將史摩茲（John Smoltz）領軍的勇士隊。然而我覺得派奇特最值得稱道的，是他並未因聲名鵲起而被企圖以重金引誘他的球團挖角、離開一手培育他的小市場球隊，而是繼續用他幼年時在黑人貧民區堅拒毒品誘惑、努力求上進的毅力忠誠地為雙城奮戰，直到因眼睛受傷被迫退休為止。同樣是外野手、同樣出身小球隊，但派奇特的價值觀似乎與自皇家隊發跡的戴蒙頗有不同，球迷看待他們的方式自然也就大相逕庭了。

棒球可以是一門生意，但支持它永續經營的卻是球迷無悔的深情與球員的職業道德。也許戴蒙因愛錢而「暫時」害了自己（記得他曾說：只要王建民傷癒，不怕沒球隊要他，多的是到別隊「賺更多錢」的機會），也曾因此讓部分喜歡他的球迷失望；但話說回來，他是認真地用球技來換鈔票，可能比不上派奇特來得令人緬懷，卻無疑較諸中華職棒拿黑錢打放水球的傢伙高尚多了。

二〇一〇年一月十一日

當棒球不再成為事業

美國時間一月廿二日，運動家隊（Oakland Athletics）官網披露一則新聞，該隊1A潛力新秀、剛被*Baseball America*選為明日之星第八名的葛蘭・迪斯米（Grant Desme），宣布放棄璀璨的棒球前途，轉而尋求為上帝服務的神聖志業。這個令人驚奇的消息，或許可以帶給目前身陷打假球泥沼的中華職棒球員們一些啟示吧？

今年廿三歲的迪斯米在二〇〇七年選秀第二輪被運動家挑中，卻旋即遭遇連番的病痛折磨，從大腿肌腱、手腕到肩膀都有傷，但他把這些傷痛視作上帝送給他的最好禮物，讓他有機會認真思考身體之外的心靈層次、以及自己真正想成為什麼樣的人。秉持這般虔誠且虛心的精神，迪斯米認真對待他的棒球事業，去年球季締造了30-30（三十支全壘打、四十次盜壘）的輝煌紀錄，並獲選為亞歷桑納秋季聯盟（Arizona Fall League）的MVP。但就在身體完全康復、明年有機會叩關大聯盟之際，這位生於加州Bakersfield一個天主教家庭的棒球好手，卻毅然決定離開球場，進入位於橘郡（Orange County）的聖麥可修道院（St. Michael's Abbey），用十年的時間靈修，使自己成為一名神父。

迪斯米承認自己熱愛棒球，而且從中獲得很大的成就感，但回歸到生命的本質，即使大家都看好他的大聯盟之路，他仍堅信上帝的召喚才是其最終的依歸。暫時撇開仁智互見的宗教認同不談，我深為迪米斯那種為了以信仰服務群眾、毫不遲疑放棄人人欣羨的世俗成就的精神所感動，並因此確信，唯有堅持某種不可褻瀆的高貴理念，人才能在取予之際，做出正當且瀟灑的抉擇。

把眼光轉回中華職棒。這個圈子中信仰上帝者不乏人在，雖然宗教並不能保證自己免於惡魔的挑釁，但無疑已不斷耳提面命必須堅拒撒旦的誘惑，或是在不小心身陷冥界的幽闇時，當如何勇敢懺悔以自我救贖。若干球員之所以會因一時的財迷心竅而與魔鬼結盟，主因他們未能固守原有的運動家精神。或許其行徑在一般世俗眼光中是可恥且令人極度失望的，但更可怕的是因此而怨天尤人、不思悔悟，任憑餘生永遠沉淪在地獄的煎熬中。

迪斯米的抉擇啟發我們，人生其實有很多可能，而最重要的是求得心靈的絕對安歇。因為涉賭放水而自毀棒球前程的球員固然令人惋惜，但這並不代表他們的人生就此走入絕境，畢竟他們都還年輕。與其不齒其行徑、慨嘆其失足或同情其將永不能再以棒球為事業，不如勉勵這些球員重新省視暫時被魔鬼遮蔽的心靈、召喚從前單純喜愛棒球的熱誠，將之灌注於另一個領域，為自己開啟人生的新頁，同時也贏回球迷的尊重。

二〇一〇年一月廿五日

唉，馬怪爾

一九九八年以單季七十轟超越「馬里斯障礙」（Roger Maris於一九六一年創下單季六十一支全壘打紀錄）的前紅雀隊（Cardinals）球星馬怪爾（Mark McGwire），終於在日昨坦承使用禁藥長達十年，並且哽咽地向所有大聯盟球員及球迷道歉。消息傳出，輿論反應激烈，昔日棒球英雄，瞬間成了人人喊打的「騙子」。

實則早在前隊友坎賽柯（Jose Canseco）爆料多位職棒明星使用類固醇時，媒體就已高度懷疑馬怪爾的誠信，加上去年親弟弟傑伊（Jay McGwire）投書Deadspin.com「檢舉」老馬確實沾染禁藥，這位前紅雀當家台柱的偉岸成就遂逐漸在人們心中轉為龐大的陰影。但或許是對名人堂曾存有極大的夢想，以致自從二〇〇一年退休迄今，十年間老馬始終嚴正駁斥禁藥傳聞，甚至在上帝面前重重發誓，萬萬沒想到時移勢遷，一夕之間豬羊全變了色。

有人說，老馬之所以選在此際真誠懺悔，是因為他即將復出擔任大聯盟的教練，為免屆時被抖出更難堪的內幕而阻了「錢」途，不如先行「示軟」。也有人懷疑，名人堂的票選委員們早已成竹在胸，絕不會讓貝瑞．邦斯及馬怪爾這般禁藥疑雲罩頂的球星進入棒球聖殿，所以老馬自知「名人夢」根本此生難圓（實則他已四度落榜），所以聰明地先求有利可圖的行當再說。

不管上述的論調是否屬實，筆者都對馬怪爾的處境感到悲哀。想當年他與小熊（Cubs）巨砲索沙競逐馬里斯紀錄的盛況，何其受到全球棒球迷的尊崇與讚嘆！棒球史家甚至認為他們倆人聯手拯救了當時陷溺在罷工陰影與金融風暴夾擊中的大聯盟低迷票房，讓美國人重燃對職棒的百年熱情，其對棒球的貢獻，早已超越任何有形的紀錄。馬怪爾更因「民族情結」作祟（彼時很多美國人不希望單季最多轟紀錄落在多明尼加籍的索沙身上），一時間成為全美崇拜的超級英雄。而如今潘朵拉的盒子打開，一百分的英雄原來是作弊高手，怎不叫人難受至極？我想，受中華職棒放水詐賽震撼教育的台灣球迷，應該最能體會這種感受吧？

在這種節骨眼，「誠實」的金科玉律照舊會被拿出來「溫習」一番，也絕計無人敢反駁它在人生許多重要關卡上的決定性意義，馬怪爾的事無疑又是一筆深刻的啟示。

不過，筆者也要提醒看倌，若不是美國人（不論是球迷或專家）的「棒球口味」愈來愈「重鹹」，喜歡看「大棒子」、「三振秀」，看一個球星像天神宙斯般宰制全場，卻總不把鈴木一朗的內野安打及王建民的滾地球瞅在眼裡，又怎會誘得一群心念不定的投機分子鋌而走險去吃禁藥、對球棒動手腳、在球上吐口水、抹松膠？是否群眾們在無意間已陷入「共犯結構」卻仍不自知？

二〇一〇年二月一日

什麼！國民隊？

王建民確定要加入華盛頓國民隊（Washington NATIONALS），引發輿論憂喜參半的反應。喜的是建仔總算可以確定在大聯盟重新出發，只要他持盈保泰，未來球迷仍可愉快地跟著他「投一休四」、享受既緊張又開心的棒球洗禮；憂的是國民乃不折不扣的世紀大爛隊，去年球季的敗場數竟與洋基的贏球數一樣多（一〇三敗），建仔在得不到太多隊友的奧援下，成績恐怕不會像他在「大蘋果」時那麼傑出。

沒錯，即使改了個氣魄滿大的隊名，國民隊還是擺脫不了其前身蒙特婁博覽會隊（Montreal EXPOS）的「遜腳」本色，曾是大聯盟最「跩」球隊當家王牌的建仔「流落」到這等「放牛班」，多少會讓人有些無法接受。但話說回來，國民再爛，畢竟也是個大聯盟球隊，而且別忘了，它也曾培育出不少頂尖好手，擊出再見全壘打毀了王建民完投勝、令台灣球迷傷心不已的R. Zimmerman（去年球季打點一〇六分，排名國聯第六；得分一一〇，排名第四）固已令人印象深刻，若是再提到Gary Carter及Andre Dawson這兩位名人堂球星，那麼球迷就不得不稍感肅然起敬了。

Gary Carter是成立於一九六九年的博覽會隊第一位被選入名人堂的球星（二〇〇三年）。這位外號「小子」（Kid）、三度「金手套獎」（Gold Glove Awards）、五度「銀棒獎」（Silver Slugger Awards）得主的傳奇捕手（早期他也曾擔任外野手），是美國職棒史上唯一在全明星賽（一九八一）及世界大賽（一九八六，當時他效力大都會隊，在芬威球場痛擊紅襪而贏得冠軍）都單場貢獻兩支全壘打的球星，並且兩度榮膺全明星賽「最有價值球員」（另一次是一九八四年）。雖然他生涯最風光的時刻出現在一九八五年棲身大都會之後，但我認為一九八一年才是Cater最值得球迷緬懷的一季，因為當年博覽會隊在大聯盟首度採用兩階段季後賽中，靠著Cater四成二一的打擊率扳倒費城人，「首度」（當然也是「唯一」）進軍國聯冠軍戰。最後雖然他們輸給道奇，但Carter締造的季後賽四·三八打擊率，迄今依然令人印象深刻。

正因Cater對蒙特婁的球迷而言意義非凡，以致他確定入選名人堂時，儘管職業成就最醒目的時期是在紐約，但他仍在幾番思考後決定將這個榮耀歸於拉拔他成長的博覽會隊（最後他也在博覽會退休），一時在大聯盟傳為佳話。

二十年職業生涯有近十一個球季在博覽會隊度過的外野手Andre Dawson，則是該隊第二位進入名人堂的球星（二〇一〇年）。球員時期與世界大賽無緣（退休後他任職於佛州馬林魚隊，才終於在二〇〇三年隨隊獲得世界冠軍戒指）、卻榮耀無數的Dawson，共締造了二七七四支安打、四三八支全壘打及三一四次盜壘，是大聯盟史上三位擁有「400-300」（四百支全壘打、三百次盜壘）紀錄者之一（其他兩位分別是全壘打王Barry Bonds及其教父Willie Mays）。即使長年為膝蓋問題困擾（主因蒙特婁主場Olympic Stadium是人工草皮），Dawson生涯還是獲得了八次外野手金手套獎，足見守備能力與打擊同樣出類拔萃。

Dawson最為人樂道的一段故事發生在一九八六年他成為自由球員後。當時他為膝傷所苦，希望能到主場為天然草皮的球隊效力，但始終乏人問津。後來他與經紀人Moss帶著空白合同去找小熊隊總經理Green，竟遭對方揶揄為

「狗與小馬的把戲」（dog and pony show，意指高明的技倆）。最後小熊開出五十萬美元的條件，外加廿五萬元激勵獎金，附帶條件是：在明星賽先發，並贏得國聯MVP。一九八七年，他兌現所有小熊球團帶著輕視意味的激勵條款。

Dawson與Cater的成就說明博覽會隊絕非等閒之輩（如果這兩位還不夠，那麼生涯三〇三勝、五度賽揚獎得主的「巨怪」蘭迪．強森Randy Johnson，也是出身博覽會隊），即使改了隊名、搬了新家，陣中依然臥虎藏龍，努力傳承過去球星締造的榮耀，有了王建民加入更是大有可為。而且，在我看來，如果建仔能以他之前在豪門球隊吸收的寶貴經驗，灌注這支年輕的勁旅，助其從谷底反彈，那麼他的棒球成就，將紮紮實實進入另一個更令人景佩的層次。

二〇一〇年二月十五日

換女人打看看

有朋友開玩笑說，既然中華職棒爆出這麼多次放水醜聞，不如把那些男選手全數解散，換女人打職棒，可能會「清新」些，且更有看頭。

這個建議乍聽有點無厘頭，但卻頗為嚴肅，事實上棒球本來就不是男人的專利，百餘年來，世界各地多的是「前仆後繼」的女子職業或業餘棒球組織。

美國是棒球發源地，世界第一支女子棒球隊自然也始於美國，那是遠在中國清朝同治皇帝在位的一八六六年（比第一支成立的美國男子職業棒球隊辛辛那提紅長襪隊Cincinnati Red Stockings還早三年），由位在紐約近郊知名的維莎學院（Vassar College）所成立，隔年在費城則誕生了全美首支黑人女子棒球隊。至於第一場正式收費的女子職棒賽事，則係一八七五年九月十一日於伊利諾州春田市所舉行，由Blondes出戰Brunettes；一八九八年，Lizzie Arlington

成為美國第一位獲得職業合約的女子棒球選手，她當時加入的是費城儲備隊（Philadelphia Reserves）。

二十世紀初期，美國曾有一個頗負盛名的「燈籠褲女孩」棒球熱潮（Bloomer Girls，最初是一位名為Amelia Bloomer的女權運動者設計一款適合女人運動的服裝，後來被廣泛使用於女子棒球隊，遂有此名號），雖然並未形成聯盟，但是她們風靡全美，參加各式的男子地區棒球賽或半職業賽。最有趣的是，這類型的球隊平均擁有三名男選手，穿著與女子隊友完全相同，曾於一九一二年追平連續十六勝美聯紀錄的紅襪隊名人堂投手喬．伍德（Joe Wood外號「煙霧」Smoky），他的棒球生涯就是從堪薩斯州的燈籠褲女子球隊開始的；而曾獲國家聯盟七度打擊頭銜（一九二〇至二五、二八）、二度最有價值球員（一九二五、二九）的羅傑．霍斯比（Rogers Hornsby）據說也是。

若要說史上最為人知的女子棒球，自然非電影《粉紅聯盟》（*A League of Their Own*，由影帝湯姆．漢克主演）所描述的「全美女子職業棒球聯盟」（All-American Girls Professional Baseball League /AAGPBL）莫屬了。這個由當時大聯盟小熊隊（Cubs）擁有者Phillip Wrigley（即知名品牌「青箭口香糖」的老闆）所建立的系統，主要是為了「填補」一九四三年因多數球星從軍報國而致大聯盟許多比賽岌岌可危的「空檔」。初期AAGPBL其實是「壘球」（softball）比賽，直到一九五四年，她們才真的玩起與男生們完全相同的「棒球」。但可惜的是，該年也是「粉紅聯盟」的最後一個球季。雖然只維持了短短十二年，但這期間卻陸續共有十五支球隊（含更名）、超過六百名女性參與比賽，盛況可謂前所未有。美中不足的是，在那個種族歧視仍舊盛行的年代，AAGPBL並沒有黑人女性球員，非裔女子若要打棒球，只能在「黑人聯盟」（Negro Leagues）中與男性球員一起競爭。

如今，女孩子打棒球已不是什麼新鮮事，今年四月，日本女子職棒比賽就要正式開打（實則日本早在一九五〇年就已有女子職棒聯盟，但因票房不佳而夭折）；據稱私淑紅襪名投威克菲爾（Tim Wakefield）招牌「蝴蝶球」的吉田繪里「小」姐（她身材袖珍，僅一五五公分），也早已獲關西獨立聯盟的青睞而加入男性職棒的戰場中（去年三月廿九日開幕戰，她在九局一登板就演出三振）；而世界女子棒球賽事，幾年來也一直都有中華女將的身影。所以，既然台灣職棒的男人們不太珍惜球場、球迷，不尊重棒球，不如換女人打打看吧！

二〇一〇年二月十一日《中國時報》

棒球統計學

二〇〇九年大聯盟美聯投手「賽揚獎」頒給了皇家隊（Royals）的王牌葛蘭基（Zack Greinke）。他幾乎以壓倒性的勝利擊退其他三位競爭者，包括原先頗被看好的水手（Mariners）新秀赫南德茲（Felix Hernandez，十九勝五敗、二·四九防禦率）。

從勝投數來看，葛蘭基顯然比不上赫南德茲，因為他只有十六勝，而且敗投還多出小赫三場；不過他的防禦率卻比後者低上許多，僅二·一六（這是美聯投手自二〇〇〇年以來的最低紀錄）。若從這兩項平素最為球迷注意的數據來看，二人只能說在伯仲之間，卻為何小葛最後竟以一三四分比八〇分狂贏小赫？

多數人可能會認為皇家是個爛隊，葛蘭基在全隊打擊率僅二成五九、得分六八六（均為全美聯倒數第二）的「掩護下」，還能創下如此傑出的成績，誠屬難能可貴，由他得獎實至名歸。這個說法不無道理，但別忘了，赫南德茲所在的水手隊比皇家還爛，全隊打擊率及得分都在美聯敬陪末座，這樣看來小赫應該更有資格拿賽揚獎吧？

《紐約時報》資深記者凱普納（Tyler Kepner）在一篇題為「運用統計為葛蘭基贏得賽揚獎」（Use of Statistics Helps Greinke to A.L. Cy Young）的報導中引述小葛的說法：自從班尼斯特（Brian Bannister）加入皇家後，讓他從棒球統計的細節中領會自己可以掌握什麼。此話怎講？同樣也是先發投手的班尼斯特畢業於名校南加州大學，對棒球統計學十分著迷，他向來強調投手最基本的指標就是：保送數、三振數、被全壘打數及觸身球數，稱為「投手獨立守備」（Fielding Independent Pitching，簡稱FIP），並將之介紹給葛蘭基。

這項數據與隊友的表現無關，純然顯示投手個人的宰制能力，此令小葛對投手的天職及比賽節奏的掌控有了進一步的領悟。根據fangraphs.com的統計，葛蘭基該年在二二九又三分之一局的投球中締造二四二次三振、五五次保送，並只被敲出十一支全壘打，換算成FIP值為二．三三（赫南德茲是三．〇九；王建民在表現最好的二〇〇七年球季是三．七九），為大聯盟之最，這表示他是世界棒球殿堂最具壓制力的投手，也難怪棒球作家協會一面倒把票投給他。

但葛蘭基對棒球統計數字瞭然於胸的不止FIP值，根據凱普納的描述，他還擅長借助隊友的守備率及球場優勢。比如說，皇家隊的外野手迪黑休斯（David DeJesus）的防守範圍（zone rating）傲視全聯盟，加上皇家主場（Kauffman Stadium）外野遼闊，因此葛蘭基便儘量投讓對手容易打向左外野的飛球，增加出局的機率（實則根據統計，防守失誤有百分之八十五是滾地球造成，這也是為何王建民主投時，洋基三游守備失誤率特別高的主因），可謂是不折不扣用頭腦在投球的選手。

除了FIP外，班尼斯特津津樂道的還有WAR（Wins Above Replacement，姑且翻譯為「替代指標」），指的是一位球員與其他相同位置競爭者（包括在廿五人及讓渡名單Waivers、3A中的所有選手）間的成績比較。換言之，某位球星可能一季有二十支全壘打或九十分打點，看來已經十分搶眼；唯他是否真的夠傑出、值得球團花大錢網羅，還得視其與同儕相較之後才能斷定。從這個指標來看，葛蘭基的數值是九．四，高居大聯盟投手之冠。

上述的指標改變了過去專家們評斷球員的眼光，所以凱普納便在另一篇題為「非你祖父時代的排名：重新定義棒球」（Not Your Grandfather's Stats: Baseball Redefined）的專題報導中深入分析現代棒球統計學的重要性。或許有人會對這種純量化的評比方式嗤之以鼻，因為真正偉大的球員有時並非以「數字」服人，而是某種無可取代的個人風範讓球隊振衰起敝、令球迷緬懷不已；相對的，成績漂亮卻極度「顧人怨」者也所在多有。但話說回來，這些數字既經精細的計算，不失為球團評估球星身價及球員作為改進自我技術的極佳參考；而且，像葛蘭基般聰明地運用在比賽中克敵制勝，無疑更是值得大家嚴肅看待棒球統計學的意義。

棒球統計學讓我們見識到大聯盟求新求變的科學精神，這也是美國棒球始終能執世界牛耳的關鍵。所以，當下次看到「老爹」歐提茲（David Ortiz）上場打擊時，千萬別再懷疑為何洋基內野防線要全向右邊移動，因為根據統計，過去十年在舊洋基球場，老爹所擊出的六十七支安打（含全壘打）中，只有八支穿越三、遊防區！由此看來，如果你只是靠蠻力，無法理解數字所代表的意涵，永遠不可能把棒球玩好！

二〇一〇年二月二十日《聯合報》

最佳回應

二週前他才遭「洋基金童」A-Rod譏諷是「C咖」，但日昨他便收拾心中猶然餘波盪漾的怒氣，以拿手的變速球及曲球封鎖目前戰績最佳的光芒隊，投出大聯盟一三四年來的第十九場「完全比賽」（perfect game），為自己贏回尊嚴，並且給了「Every dog has his day」這句古老諺語一個最佳的詮釋。

從二〇〇七年在奧克蘭運動家隊初登板迄今，布瑞登（Dallas Braden）的表現確實難以令人肅然起敬，過去三年，他共出賽六十一場（四十七場先發），僅僅只拿到十四勝（廿一敗），投手自責分率高達五以上，每局被上壘數更迫近一．五。也難怪當他痛責A-Rod不該從「我的投手丘」穿越時，會遭對手用「勝投數屈指可數」加以羞辱。

當別人瞧不起你時怎麼辦？「小天后」蔡依林的作法是更努力使自己成功

以杜悠悠之口，她的名言「感謝那些以前批評我或不看好我的人」，無疑是身陷nobody窘境的C咖最好的振奮劑。本來布瑞登對A-Rod的譏諷耿耿於懷，因此不斷對媒體放話表達心中極度的不滿，但那又如何？面對全大聯盟薪水最高、最被看好成就將超越全壘打王貝瑞·邦斯的洋基金童，若自己沒有一些值得稱道的身手，再多的反唇相譏也終只是傷到自己而已。

布瑞登顯然是深知此理的，於是挾著今年球季還算「好的開始」力圖振作（完全比賽前，他出賽六場，三勝二敗，防禦率四·二三），好讓自己成為說話有人會聽的somebody。事實證明他辦到了，而且打敗的還是A級球隊，甚至逼得有A-Rod接班人美譽的光芒當家重砲隆戈利亞不得不在第五局試圖以偷襲短打上壘。當記者把光芒難堪到爆的恥辱告訴A-Rod，並詢問其對布瑞登的表現有何感想時，這位二週前毫不留情譏笑對手的大牌球星，也只能故作若無其事地低調回應了。

沒錯，要讓瞧不起自己的人住嘴，最好的方法就是拿出好的表現。就算布瑞登吵贏了A-Rod又如何？頂多證明他夠伶牙俐齒罷了，但投球用的可不是嘴巴。上週六洋基在芬威球場搦戰世仇紅襪，多位明星球員連遭對方王牌投手貝奇特用觸（近）身球招呼，連最受敬重的隊長吉特都挨了一記。就在休息室隊友群情激憤、教頭吉拉迪準備衝進場理論之際，吉特以洋基一貫自豪的紳士風度揮了揮手要大家冷靜。最後紐約客用棒子結結實實地回敬了紅襪的粗暴，以十比三的懸殊比數讓對手吞回自己吐出的髒口水，波士頓既輸了比賽，也輸了風度，可謂難堪至極。

不知道上述的事例足不足以令一向喜歡彼此叫囂攻訐的台灣政客一點啟示？施政成績不能僅憑一張嘴天花亂墜，百姓的信任感也不是靠「吵嘴互毆」就能贏得的。要攻擊對手前固然得先掂掂自己的斤兩、看看自己是否幹過什麼像樣的事，面對政敵的批評時，更需要拿出實際的政績來回應，否則「空嘴嚼齒」，終究只是自取其辱罷了。

二〇一〇年五月十一日

偉哉！賈拉若加

美國職棒老虎隊投手賈拉若加（Armando Galarraga）日昨在出戰印地安人隊時，竟因一壘審的「終極誤判」而毀掉了即將締造的「完全比賽」，一時間，整個老虎隊主場瀰漫著惋惜、憤怒、甚至哀傷的氣氛。擁有廿二年資歷的一壘裁判喬艾斯（Jim Joyce）也立即成為千夫所指。

賈拉若加呢？當他氣喘噓噓跑向一壘補位、「刺殺」了第廿七位打者、準備迎接隊友擁抱及全場喝采之際，竟晴天霹靂般地看到裁判作出safe的手勢（從錄影畫面來看，明顯是跑者出局，一壘審當時恐怕是著了魔），臉上所流露的不可思議之情無疑令所有觀者沮喪心碎。本來我以為他會氣急敗壞地提出抗議，但並沒有。賈拉若加帶著苦笑走回投手丘，從容不迫地解決了第廿八位打者。就在那一剎那，賈拉若加成為我心目中的真英雄。

如果沒有誤判，賈拉若加將成為美國職棒一百三十年來第廿一位締造完全比賽的投手，那絕對是「人上之人」的偉岸成就，值得留名青史供後人景仰、憑弔。但從另一個角度來看，投出完全比賽，不過證明賈拉若加與哈勒戴（前天也對馬林魚投出完全比賽）這些前輩一樣、都具有第一流的投球能力而已；眼見即將創造的人生顛峰竟遭無情、不公的打擊摧毀，卻能立即從頹圮的廢墟中昂然站起、重新凝聚心力走完接下來的路程，才是令所有人望塵莫及的英雄本色。比起完全比賽，我深切認為賈拉若加在誤判後的冷靜表現更艱難，也更令人欽佩。

據說賽後賈拉若加被請到裁判休息室，勇敢坦承誤判的喬艾斯噙著淚水親自向這位過去三年職業生涯並不算出色的年輕投手道歉，但賈拉若加非但沒有指責裁判，反而給喬艾斯一個大擁抱，因為他覺得喬艾斯心中比誰都難受。我相信賈拉若加難免會為可以證明自己能力、可以與家小分享、可以留待晚年細細回味的千載難逢榮耀被意外剝奪感到萬千遺憾，但他卻懂得體諒別人的心境，不願自身的遺憾造成更多的痛苦，隔天甚至仍向在場上繼續執法的喬艾斯伸出友善之手，如此風範，除了「英雄」一詞，無以名之。

不少球迷都希望大聯盟官方能作出更正，還給賈拉若加應有的公道，連白宮發言人吉布斯（Robert Gibbs）都忍不住批評大聯盟不願改判的作法不當。但我以為，這個誤判讓賈拉若加「無可懷疑」的完全比賽更形璀璨而完美，因為未來當世人回顧過去的歷史時，將更津津樂道於賈拉若加面對遺憾的風度，自然也使得他這「消失的第廿一場完全比賽」顯得與眾不同且更具教育意義。哈勒戴必須挖走投手踏板做為自己偉大成就的見證，但賈拉若加從容走回投手丘解決第廿八人次所留下的鞋印，無疑才是最值得收藏的記憶。

二〇一〇年六月三日

小胡別氣餒

胡金龍因為打擊持續不振，遭傷兵累累、急需戰力的大都會隊放入「讓渡名單」，最後因乏人問津而確定重回3A，等待下一次重返大聯盟的機會。先前郭泓志已因投球焦慮症而進入傷兵行列，王建民則仍在復健，目前為止，台灣已暫無球員在大聯盟出賽，令人頗覺失落。雖說如此，筆者還是對咱們旅美的球星充滿信心，已擁有顯赫成績的王、郭固不待論，即如打擊向來起伏甚大的小胡，私意仍相信其未來大有可為。

說實在，筆者並不認為胡金龍在有一場沒一場出賽的狀況下打不好，是多嚴重的事，不論是美、日或台灣職棒，即使是先發球星也常有連續數十個打席敲不出任何安打的低潮期，更遑論老是枯坐板凳區的替補球員了，君不見國內職棒人氣最旺的球星彭政閔，也曾有超過二十個打席「靜悄悄」的尷尬窘境。

印象中絕無「肉腳」的美國職棒呢？筆者倒想起一位名列大聯盟史上前十大捕手的Bill Bergen。此君十一年職業生涯（一九〇一～一九一一）平均打擊率只有一成七，最慘的紀錄是連續四十六打數「摃龜」，迄今仍高懸大聯盟首榜。此外，他生涯三〇二八個打數，只擊出二支全壘打，這個紀錄也只贏過現任舊金山巨人隊播音員的Duane Kuiper而已（僅一支），比較起來，胡金龍今年的打擊成績還算「略高一籌」哩。

然則Bergen何以還能在大聯盟生存？原因絕非好事者傳言的「同情說」（他的親兄弟家曾發生慘絕人寰的滅門血案），而是Bergen在本壘後方的防守功力。他不僅善於擋住投手「挖地瓜」的壞球、迅如疾風般撲接界外飛球，而且長傳二壘的阻殺功力更是無人能出其右。以一九〇七年為例，Bergen在六一四次的守備機會中，只出現七次零星失誤，守備率高達〇．九八七，這個紀錄一直維持到一九一二年才被超越。即便在他生涯打擊最爛的一九〇九年（即上述連四十六打數無安打），Bergen的蹲捕功力還是不曾稍減，這一年他共祭出十八次雙殺、二〇二次助殺的的守備成績，是史上排名第九的紀錄。而最膾炙人口的是，他老兄曾在一九〇九年八月二十三日出戰聖路易紅雀隊的比賽中，成功阻殺六次盜壘，簡直就是「帽子戲法」（hat-trick，源自板球，指連續三次完成任務）。

打擊爛又如何（他生涯只有一季平均打擊率超過二成）？因為守備一流，Bergen照樣留名大聯盟青史。回頭看看小胡，他在游擊區的守備早已有目共睹，「游擊精靈」的美譽不是喊假的，只要給他多點先發機會，打擊潛力遲早也會爆發出來，站穩大聯盟絕無問題。俗話說：「只要有本事，不愁沒頭路」，小胡眼前暫遭下放並非壞事，至少可以在3A天天出賽，維持守備節奏並克服打擊盲點，只要大都會陣中有缺出現，他隨時可以重返Citi Field（大都會主場）。且以目前情況來看，大都會財務狀況簡直糟糕透頂，為了省錢，球團不無可能把明年即將成為自由球員、年薪鐵定漲翻天的游擊大將Jose Reyes交易出去（如果大都會到七月成績還是沒起色的話），果如是，小胡翻身的機會不就來了？

二〇一一年六月一日

誰比較「邪惡」？

「邪惡帝國」（evil empire）一詞本來是美國前總統Ronald Reagan用以攻擊前蘇聯的字眼。後來紅襪隊的老闆Larry Lucchino因為極度不爽洋基老是用銀彈攻勢從市場上挖角最好的球員，因此氣得拿這個詞痛罵「北美佬」，從此「邪惡帝國」就成了「布朗克斯轟炸機」（Bronx Bomber）的小名了。

但是，洋基真的「很邪惡」嗎？去年一份網路民調顯示，美國球迷心目中最討人厭的球隊是克里夫蘭印地安人隊（Cleveland Indians），紅襪則緊追在後。至於洋基，才排名第五，而且「得分」遠遠落後給波士頓。球迷何以討厭紅襪勝於洋基，無法一明就裡；但若自日前兩隊用觸身球相互招呼的情況來判斷，則或許可以稍稍提供一點線索。

話說今年洋基遇到紅襪，不管在主場或客場，都沒贏過球。美國時間六月七日到九日，紅襪到紐約叩關，第一場比賽，紅襪左投Lester就先用一顆極內角的速球把洋基當家巨砲Teixeira打傷送下場。第二天再戰，布朗克斯族二壘手坎諾也中彈；這中間還發生一個小插曲，紅襪「老爹」David Ortiz在轟出全壘打後很「跩」地把球棒往後一甩，讓場上已經輸得灰頭土臉的北美佬簡直怒不可扼。賽後媒體當然不肯放過這個炒作兩隊仇恨的機會，不斷暗示兼煽動洋基將展開報復行動。然則到了第三天，一向以紳士自居的洋基倒沒有施展任何「K」功，倒是聲名一向狼藉的紅襪王牌投手Beckett連續賞給紐約兩大球星吉特和A-Rod各一個kiss ball，這下終於把沙巴西亞惹毛了，第四局上半以一記一五三公里的速球狠狠砸在Ortiz大腿上，全場球迷同聲叫好，沙巴西亞投完本局回休息室還接受隊友擊掌「歡呼」。

三場球下來，洋基共有四位頂尖球星「中彈」（只消看被砸中的是誰，就可知對方是不是故意的），紅襪呢？才一個老爹，而且這還是Big Papi自二〇〇三年之後第二次遭到洋基投手觸身球。至於吉特和A-Rod呢？後者挨了十四彈；前者因為是紐約看板，紀錄是極「輝煌」的，共被「招待」了二十三次。

從這項統計看來，誰比較「邪惡」？如果大家認為數據還不夠，那再看看過去五年，兩隊勝場數最多的四大先發投手觸身球總比例。紅襪的Beckett、Wakefield、Lester加松坂大輔，總計三〇五〇局的投球中，共送出一百四十次觸身球，平均每局將近〇．五次；至於洋基，一向篤信天主教的派提特，投了近七五〇局，才有十五次觸身球，加上王建民、穆西納及CC，他們共投了二三一三局，也才砸到打者九十二次，平均每局不到〇．四人次。看到這樣的數據，大家或許心裡會浮上一種感覺，波士頓果然球風比較「彪悍」，難怪球員都會蓄長髮、留落腮鬍，洋基球星個個像剛入伍菜鳥新兵的「嫩樣」跟紅襪那群混幫派的形象比較起來，嗯，確實有點low，所以「砸人」的功力遠遠不及，也是想當耳了。

那麼，究竟是哪一隊比較像「邪惡帝國」呢？

二〇一一年六月十日

輯三

國球反思

棒球最好看的地方，宛若西部墾荒時期的鎗客決鬥，
像鷹一樣銳利的眼神毫不逃避地對峙，
屏氣凝神只為下一刻電光火石之際的生死交關，
不論輸贏，只要勇於對決，都是英雄。

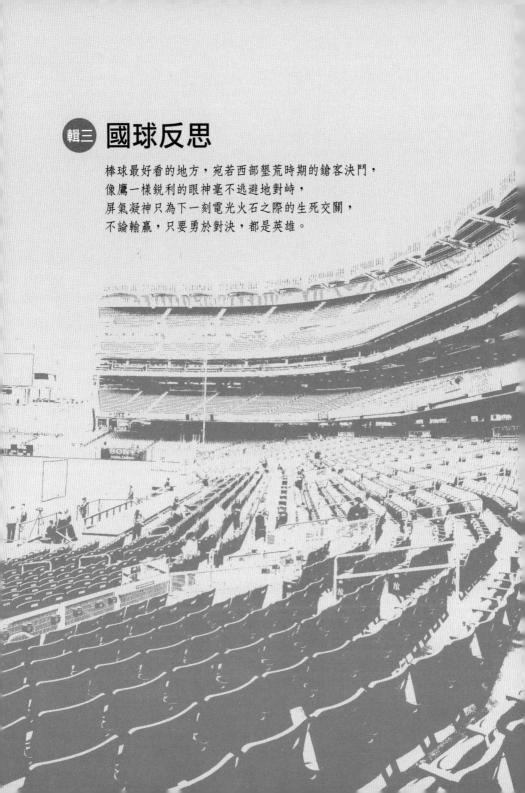

五年的第一支安打

日昨兄弟象隊出戰中信鯨，先發捕手陳瑞昌在與洋將迪歐的衝撞中受傷退場，替補的鄭漢禮隨後在第八局擊出他五年職棒生涯的第一支安打。

許多球迷初聞這個消息或許會驚訝：「什麼，打了五年球才有一支安打？」然而若大家知道鄭漢禮這五年來只得到八個打擊機會，相信會更覺不可思議。是呀，五年五百場的球賽，他平均六十多場才出現在打擊區一次，這就是兄弟隊的「文化」，也是與筆者一樣的多數兄弟迷最費解之處。

印象中，除非一名球員天賦異稟，否則想擠入兄弟的先發陣容、或是以替補身分上陣，恐怕比陳金鋒登上大聯盟更難。即使某位一線球星已明顯受傷，但只要還能動，教練團是不會輕易讓板凳球員替補的。於是乎，年復一年，關心兄弟象的球迷就這麼看著一些曾經年輕的「熟」面孔在場邊不斷練習揮棒、傳球，卻始終未見其上場；而受了傷的一線球星，也只好靠止痛藥、紗布及腎上腺素的暫時麻痺蹣跚出賽，永遠也沒有機會好好養傷。這樣的棒球文化，不論對先發或板凳球員的運動前途，都是鉅大的戕害。

球員不比賽，若有突發狀況需要他上場時怎麼辦？答案很明顯，兄弟的替補球員一上場，表現幾乎是「烏壓壓」，先前的朱鴻森、許閔嵐就是最好的例子。要怪他們嗎？

但眼下的劣勢似乎逼著兄弟不得不讓二線球員上場了。八月以來，先發球員一再受傷，三劍客、俠客、老邦全掛了病號，教練團只好硬著頭皮讓「老菜

另類紀錄

鄭漢禮，二〇〇一年六月十九日在中華職棒選秀會第四輪被兄弟以第一指名選中，直到二〇〇五年九月二十七日才自當時中信鯨隊投手朱尉銘手中擊出生涯第一支安打。而在此之前，四年多的職業生涯，他僅獲得八次代打機會。

鳥」上場。幾場比賽下來，這些原本狀況百出的「熟新人」卻愈來愈專業，一路將球隊由第四、五的難看名次挺進到坐二望一的局面，二軍陣容，一軍表現，令兄弟球迷不僅眼界大開、心中樂極，長久對教練團吝於起用新人的怨氣也幾乎一吐而盡。

說實在，日昨兄弟雖然輸給中信，但鄭漢禮職棒生涯的第一支安打，卻早已沖淡輸贏的重要性。在筆者看來，他「第一安」的喜悅不僅是全隊的福氣，有可能因此啟發球團新的棒球思維；對球迷而言更是難以忘懷的快樂，因為棒球場上不是只有輸贏，令人記憶深刻的表現與紀錄無疑更值得雀躍！

筆者自職棒元年以來，從未間斷關心各隊的比賽過程，深信只有不斷栽培新人，職棒才能永續經營、愈來愈好看。洋基隊長吉特及老將威廉斯日前都有感而發地表示，若不是王建民及坎諾等新人加入，今年洋基絕對打不進季後賽。看來兄弟隊也是如此，若僅憑幾位已然被操到渾身是傷而仍無法休養的先發球員，兄弟象的戰績只會愈來愈難堪。

但死忠球迷對戰績難看還能忍受，最無法苟同的是整個球隊似乎只有九個人，其他坐在板凳區的「菜鳥」宛若空氣，個個呆若木雞、看不到機會的眼神讓低迷戰況更顯暮氣沉沉。筆者相信很多二線球員都有相當優秀的潛能，只等教練團讓他們有機會上場「開竅」，太在乎單場的輸贏，容易流於短線操作，對球隊的未來以及球迷觀感，甚至整體職棒運動都將不是好事。

二〇〇五年十月二日《中國時報》

後記

身為兄弟球迷，筆者對象隊一直有極高的期許。兄弟象是台灣職棒的重要推手，對台灣棒球運動的發展居功厥偉。但可惜的是，長久以來，筆者深覺兄弟球團只在乎比賽輸贏，而不重視球員的健康與前途，過去是讓已然全身傷痛的老球員抱傷上陣，如今是對推動二軍制的呼籲充耳不聞。身為台灣棒球界元老球隊，兄弟的作法顯然欠缺先行者應有的視野。幾年來，我對兄弟象隊「愛深責切」的心情從未改變，如今重讀此文，還是不免些許感嘆。

專注完美，近乎苛求

有一則汽車廣告的口號是：「專注完美，近乎苛求。」在這個全球化競爭宛如戰場廝殺的年代，台灣人就是始終欠缺這種精神，以致只能充任代工，落在不上不下的尷尬位置。棒球如此、影視產業如此，幾乎所有商品都如此。

最近中華職棒許多球隊都開始規範球員不得在攝影機前嘻笑怒罵，因為它關乎形象問題，更關乎專注與否。記得以往陳金鋒只要出現在球場必然不苟言笑，因此招來媒體以「耍大牌」修理他。殊不知在美日等棒球先進國家，他們的棒球巨星不論在球場練球或比賽時，幾乎人人一臉「撲克」，表情嚴肅而靜默，不是因為大牌，而是將自己完全融入競賽，專注於場上的任何變化。套一句老美常說的話：「這是工作。」沒錯，工作時就該全神貫注，不是嗎？反觀國內職棒，當眾脫衣戲耍者有之、嘻笑打鬧者有之，有些甚至發狂到向對手起舞叫囂，心神浪費至此，怎可能把全力傾注在比賽上？球員空有一身本領，卻不知專心一志，敬業自律，要說有好表現，實在緣木求魚。

影視工作也是如此。國內實在有不少天資甚佳的演員、導演及相關人才，但往往也因欠缺追求完美的精神，無法將自己推向世界舞台。十年前，韓國影視節目在亞洲尚不怎麼起眼，但在精益求精、專注完美的信念下，如今卻一躍而起，與其新興電器廠牌一樣，嚴重威脅到原居龍頭的日本「大哥」。台灣人老是喜歡用錢來解釋為何自己不如人，但在筆者看來，錢只是技術性的問題，真正癥結所在，還是因為我們沒有追求完美的精神，散漫而不夠專注。這就如同我們造車一樣，四十年過去了，國產車依然開不到一年半載便出現咿啊作響的怪聲，連隨便一部東歐出產的國民車都比不上。

中職球星陳金鋒與彭政閔的簽名球

散漫不知為我們的社會帶來多少潛在危機，浪費了多少人力與公帑。每當筆者靜靜看著工人鋪馬路、修房子、裝電器等與安全息息相關的事物時，往往想起親身在國外的所見所聞，心中也開始無限的感慨，為何我們的品質會輸給別人那麼多！一條北宜高為了搶通車，可以不顧機電設施尚未完備的事實；而日本人卻是為了修補路面一個小小的洞，反覆夯土一整個下午，這種近乎苛求的專注便是他們可以傲視世界的特質，相較之下，台灣人豈能不汗顏？也許有一天日本會讓出優勢，但那種無可取代的敬業精神，卻很容易令其東山再起。如果我們無法學習那樣的精神，再多政策性的限制或鼓勵、給你再多錢，依然做不出別人的水準。

見微可以知著，La new熊重金禮聘陳金鋒回台，相信他們可以學習到的不僅是世界一流的球技，更是一種專注於所在的敬業精神，這對其球隊、甚至企業都是無可計量的至寶。如果台灣人早點醒悟這層道理，就不必再充任別人的代工，不必再當半調子了。

二〇〇六年一月十三《中國時報》

致勝之道

成軍才三年，初期跨季對兄弟象連二十不勝、被譏為「趴趴熊」的La new熊隊，日昨在統一獅主場以「直落四」的絕對優勢勇奪中華職棒十七年總冠軍，並誓言進軍亞洲職棒大賽，一雪興農牛去年慘遭千葉羅德「提前結束」的恥辱。一千多天從谷底到峰頂，他們是如何辦到的？

從一個球迷的觀點，筆者認為La new「致勝之道」在於幾個關鍵：第一，不惜重金，網羅陳金鋒加入。La new球員本來就年輕，可塑性強，陳金鋒以其認真、積極的打球態度，將他多年在美國職棒的經驗灌注到隊友身上，使得整個球隊不論在攻擊或防守上，都充分展現強烈的進取心，凝聚成不可小覷的戰力。

第二，二軍制度的建立。La new無疑是國內職棒二軍制最健全的球隊，讓年輕新秀有舞台可以磨鍊，也讓陷入低潮的一軍球員另闢戰場作為調整，這使得球隊不僅兵源充足，而且戰力平均，從冠軍戰投手調度便可看出其優勢。

第三，教練調度、戰術靈活。以往中職各隊過於重視「暫時性的領先」，往往才一開賽，遇有球員上壘，便急著用犧牲性或賭注性的推進戰術。反觀La new的教練團，大多數時間都由球員自由攻擊，最多只是指示擊球策略而已。這樣作有助球員依比賽情況自行建立正確的攻防觀念，讓球員懂得「玩球的門道」。再者，對投手的調度也比其它球隊當機立斷，幾乎不見如他隊般過度使用投手的情形。

最後，也是最關鍵的因素，那就是球團經營的用心。成軍三年，La new已經承擔將近五億台幣的赤字，但球團老闆仍然堅持給球員最好的生活、最佳的待遇與最完整的制度（二軍制）。正因生活無後顧之憂、兵源充足，所以才能激勵球員開發潛能、全力拚鬥，也才能讓教練在調度上不致捉襟見肘。簡單來說，La new把球隊當成企業重要部門在經營，絕不似有些資產動輒以百億計的球團老闆，斤斤計較於蠅頭小利而不願花錢投資在球隊體質的改造上。這也是為何La new可以在短短三年便拿下總冠軍，且在各隊票房不斷下滑的低迷時期，球迷人數卻逆勢上揚的主因。

La new的「致勝之道」，值得國內各球團虛心學習，如果其它五隊都能如此用心經營球隊，相信中華職棒會愈來愈好看，絕不怕美、日職棒來搶球迷，反而會像大聯盟般，延續百年之久。屆時，短暫的虧本根本算不了什麼了。

二〇〇六年十月廿七日《中國時報》

後記

二〇〇九年夏天，隨著某位職棒簽賭組頭被捕，多達二十餘位的中華職棒球員被供出曾經配合簽賭集團放水打假球，連明星球員張誌家、曹錦輝、陳致遠都捲入其中，La new熊的隊員更是涉案最深且最多者。球團老闆劉保佑痛心之餘，借用流行歌曲〈真心換絕情〉表明自己對球隊成員的極度失望與忿怨。但最後他仍堅持繼續經營球隊，執著的精神，令人感佩。此時此刻，再回過頭讀這篇舊作，對照當前中職景況，不免諷刺，唯對La new球團的敬意，卻無疑地不減反增。

中華職棒何去何從？

中華職棒又爆發疑似球員涉賭打假球事件，對於經營條件已如風中殘燭的職棒運動而言，不啻為致命的一擊。面對如此的頹勢，中華職棒究應何去何從？二〇〇三年鯨隊球員蘇立偉涉賭被約談後，總經理林明鈿就曾揚言要解散球隊，如今雷同之事重演，中華職棒有可能真的吹響熄燈號嗎？面對這樣危殆的環境，職棒還應不應繼續撐下去，或者能有哪些更積極的作為以求重新振作？

說實在，職業運動要完全防「賭」防「假」幾乎是不可能的事，畢竟為了利誘而「放水」有時不見得是制度的問題，而是與球員個人的操守息息相關。以國人愈來愈熟悉的美國職棒為例，十九世紀開打之後，便陸續傳出球員涉賭的事件，甚至連裁判、球團老闆都與組頭公然掛勾，這股歪風在一九一九年世界大賽爆發白襪球員打假球的「黑襪醜聞」（Black Sox Scandal）時達到最囂張的地步。自此以後，美國職棒聯盟痛定思痛，做了非常多的因應措施，包括催生了大聯盟執行長（Commissioner of Baseball，首任執行長是大法官Kenesaw Landis，足見美國職棒對此事的重視）制度與多項防賭禁令的訂定。

但是這就足以令賭博打假球在大聯盟銷聲匿跡？顯然沒有。自一九二〇年到二十世紀終了前十年，美國職棒仍陸續傳出球員、老闆涉賭的情事，甚至連大球星也牽涉其中，如一九六八、六九年的二屆美聯賽揚獎投手丹尼・麥克連（Denny McLain，效力老虎隊，創下單季三十一勝六敗，一・九三防禦率，

心碎點播

二〇〇七年八月，台南地檢署調查發現，當年三月職棒開打後，即有地方民意代表勾結球員放水打假球，然後在各簽賭網站下注詐賭彩金，其中涉案最深的為中信鯨隊，共有五位球員遭到約談，最後分遭球團開除。中信鯨隊也因此一醜聞，於二〇〇八年球季結束後解散。

二八〇次三振的紀錄），自一九七〇年起就遭檢調鎖定，最後被依賭博及毒品罪嫌起訴下獄。另外，紅極一時的辛辛那提「紅人隊」（Reds）知名球星彼得．羅斯（Peter Rose，創下生涯四二五六支安打、出賽三五六二場的紀錄，並曾經獲選為《時代雜誌》*TIME*的封面人物），也在他二〇〇四年出版的個人傳記中坦承曾與球員「打賭」，而涉賭的傳聞甚至使他無法被選進名人堂。

即使功成名就、日進斗金的大球星，身處制度健全的世界棒球殿堂，都因無法抗拒利益誘惑而涉賭，更遑論球員薪水少得可憐、先天後天體質都不良，且票房直直落的中華職棒了。換言之，再好的組織都會出現害群之馬，中華職棒結構、環境都不如美、日（連南韓都比不上），加上歷史短、經驗不足，出現放水打假球的欺騙行為並不令人意外；但若為了若干不自愛的「黑羊」（black sheep）便「關門大吉」，不僅不負責任，也絕非解決之道，畢竟為了延續台灣百年的棒球榮耀、維繫棒球運動發展的命脈，同時也為了一群死忠支持的球迷，中華職棒應該繼續挺下去。

當然，職棒要延續命脈，防賭是最必要的工作，聯盟配合司法單位嚴密監控比賽自為必要之事，唯職棒整體體質亦應積極調整。筆者以為，球員所以涉賭，除個人操守外，主因這個環境讓他們對未來沒有信心——而這也是年輕好手提前出走的原因。所以，不但球迷要熱烈支持中華職棒，繼續讓球員有打拚的動力，政府與職棒聯盟也應積極參考美日制度，提供球員安定、安全的比賽環境，讓好球員明白即使在自己的國家打球，未來也有進軍世界一流舞台、功成名就的機會（如松坂大輔）。如此不僅能讓好手願意留下，增加職棒比賽的精彩度，吸引球迷入場，並且能激發球員上進心，拒絕利誘，雖不見得能完全防堵弊害，但相信對降低打假球的欺騙行為應有極大的幫助。

二〇〇七年八月廿六日《中國時報》

振興職棒，向下扎根

數天前，中華職棒兄弟象隊老闆洪瑞河公開宣稱，若明年虧損超過四千萬，將不排除解散球隊。消息傳出，引發國內職棒球壇極大的震撼，不少球迷及專家幾乎都在第一時間提出振興職棒票房的建言。筆者以為，若要開創台灣職棒的榮景，除了效法美、日職棒的商業行銷手法外，最重要的是向下扎根——積極思考如何讓小朋友喜歡棒球。

職業運動若要永續經營，關鍵就在「傳承」——不僅球星要「後浪推前浪」，球迷更要「一代接一代」，因此，培養小球員及小球迷，絕對是中華職棒必須要做的「投資」。道理很簡單，小朋友進入球場，不管是去打球或看球，通常都會有家長共同參與，吸引一個小球迷，往往也就拉攏了一個家庭的球迷。而當熱愛棒球的小朋友長大後，自然也會帶著自己的下一代去接觸棒球運動，下一代長大再帶下一代，如此代代相承，看棒球不再只是休閒，而是融入了深厚的家庭情感與記憶，成為文化構築的重要環節，職棒也方能長久發展。

這種「代代相傳」的行銷觀念在美國被執行得極為徹底，小朋友一向是大聯盟球場的「驕客」，各球團無不費盡心思去討好小球迷、拉攏小球員，因為這等於在培養自己的死忠「班底」。平素到球場看比賽，小朋友不但比成人容易拿到球團特別贈送的禮物，場上打出的界外球，也多半會送給小球迷；甚至一些大牌到不太情願理會球迷的球星，也都在大聯盟「不成文」的要求下乖乖為兒童簽名。下了場，知名球星還得積極參與各種與小朋友有關的公益活動，如免費指導少年棒球、到醫院或貧民區探試兒童等。此外，全美國有數以百計的少棒球隊接受大聯盟球團的贊助，不但支援訓練經費、技術指導，甚至還幫忙整建球場，例如不久前洋基球團即與當地銀行合作，將紐約近郊的一塊荒地改建成美侖美奐的球場，供「堡丘聯盟」（Castle Hill League）的小朋友們使用。而不定期為兒童及青少年舉行的趣味棒球競賽及年年舉辦的夏令營等等，也都可看到球團打造「傳承」意象的用心，難怪棒球在美國風行了一百三十

在屏東運動公園開心玩球的棒球男孩。 攝影／張國權

年，無論其它職業運動如何挑戰，始終撼動不了其「國球」的地位。

或許是資本規模相去太遠，台灣職棒在向下扎根這個環節上明顯無法與美國相提並論，不過這並不代表小朋友這個階層不值得投資。筆者孤陋，除了兒童棒球夏令營外，鮮少聽說中華職棒聯盟或球團有什麼培養小球迷的計畫，球場內也沒有特別營造出吸引小朋友參與的氣氛。若再考量成本，要職棒球團長期贊助少年棒球隊，就幾乎更不可能了。這幾年，台灣的少棒、青少棒逐漸在萎縮，這不但將使我們的基礎棒球實力漸走下坡，也將嚴重影響未來職業棒球的經營，甚至衝擊台灣在世界棒壇的地位。面對這樣的危機，除了政府當未雨綢繆外，中華職棒各球團若有心，也應思積極培養下一代的「棒球人」，不僅利己，也有助於台灣棒運的發展。

二〇〇八年七月廿九日

群鯨散去

過去一周，台灣有幾件與棒球相關的事：La new熊隊在與日本職棒巨人軍的交流賽中取得三勝一負的佳績、業餘好手羅嘉仁被美國職棒太空人隊簽走、郭泓志與王建民相繼放假回國、中華職棒中信鯨隊宣布解散……。這些事表面看來沒有相關性，但底層裡卻有著無可忽視的聯繫意涵，足以啟迪我們領會台灣職棒為何會面臨經營的困境。

中信鯨隊為何會解散？內部因素只有經營者自己知悉。但就外圍的立場來看，球員涉賭、戰績不佳、整體表現鬆散、不重行銷等因素都重創球隊的形象，以致無法取得球迷的認同，自然會走上賠錢關門的末途。

反觀La new熊隊，在職棒運動不景氣的窘況下，雖也曾經出現無以為繼的傳聞，卻仍排除萬難，獨力舉辦與日本巨人隊的友誼賽，並且取得豐富的戰果

（最後一場比賽若非主力球員坐板凳，極有可能橫掃對手），不僅提振球隊士氣、藉機調整隊形，認真打球的態度同時獲得多數球迷的激賞，也難怪自La new成軍後，它幾乎是中職六支球隊經營成效最好的。更重要的是，繼前年亞洲職棒賽痛擊韓國三星、差點也讓日本冠軍火腿隊陰溝翻船的威名後，此番與巨人軍的成功交流，必然又會引起日本輿論的注意，球隊的形象提升了，連帶母企業在日本的鞋店生意也會跟著受惠。換言之，La new把球隊與企業形象緊密結合，認真表現、榮辱與共，並且努力行銷，當然球迷也就愈來愈多。

認真敬業，是事業成功的基本要素，球隊經營也不例外。王建民與郭泓志所以能在美國嶄露頭角、陳金鋒所以能讓La new熊改頭換面，靠的無疑就是認真、不服輸的毅力。固然，某些難以言喻的機緣與客觀條件，都會影響事業的成敗，但認不認真、是否能兢兢業業，卻往往是贏得掌聲或招來噓聲的關鍵（即使最後必須退場，也應是榮耀以終，而非狼狽收攤）。很多球員、球隊風光登場，最後卻必須黯然下台，仔細想想，箇中因緣似乎都在敬業度不足所致。

很多人把台灣職棒經營不善歸咎於好球員流失、三級棒球斷層、整體經濟環境不佳等因素，這些都不無道理，卻也未必即是重點。根據一項非正式的觀察，美國經濟愈不景氣，職業運動的票房反而逆勢上揚，主因民眾生活不能順遂，只好把壓力釋放到球場上。這與前幾年台灣島內政經情勢危殆，王建民適時撫慰百姓受傷的心靈有著異曲同工之效。

至於好球員出走、三級棒球萎縮，與其說是造成職棒運動發展因此受限，不如說正因職棒經營無法突破困境，才使得基層棒運與人才連帶受到牽累。試看每年台灣都有一些好球員被日本、美國簽走（羅嘉仁即是顯例），就可知我們的基層棒球即使不如以往榮景，資質好的球員仍是涓流不斷，職棒球團不能只倚賴三級棒球為其培訓新血，而是應當積極投入新秀市場的開發與贊助才是。

「暴龍」解體、「鯨」群散去，台灣職棒將只剩象、熊、獅、牛奔走喘息，這是個警訊，但也不妨是個轉機。筆者以一個球迷的觀感，深信愛棒球的人熱血猶在，只是欠缺榮耀的召喚而已。如果職棒的經營者與球員，都能認真敬業，努力想辦法自我提升，將球隊打造成全民情感寄托之所在，那麼台灣職棒也有機會如今年美聯東區的光芒（Rays）隊般，從谷底一振為冠軍，鋒芒四射，從此不再令人小覷。

二〇〇八年十一月十三日《中國時報》

他們是世界棒壇的重要資產

日昨，一位來台擔任體能教練的朋友來電，希望我能對本屆高中棒球聯賽「過度使用投手」的情形發表一些意見。他告訴我，這些小選手都是台灣未來棒球的希望，甚至是世界棒壇的重要資產，實在不忍心看到他們的健康與前途被刻意漠視。一位外國人竟對我們的選手如此關心，令我心下十分感動，也深覺無奈。

這位朋友指的應是與我有地緣之親的花蓮體中投手江忠城，以及南英商工的明日之星洪嘉良吧！前者在十天比賽中主投五場，共投了四三三球；後者則是三場比賽用了四一五球（其中有兩場在四天內先發，每場都投了一百五十球以上）。除了上述二位以外，嘉義中學的黃梓豪、蔡佑梵，以及穀保另一位主力陳冠宇、中道中學何昱德、成功商水林子偉……等人，都曾在單場用球量超過一百二十球以上。這些小將都才十六、七歲，骨骼、肌肉都尚未成長茁壯，年輕的關節與韌帶便被迫在疲累中不斷消磨，無疑是拿他們的運動生命做賭注，也難怪專業的體能教練會看不下去。

然則這個問題是否只有外人看得到，而國內各級的「棒球專家」們卻欠缺眼光？從媒體的關注看來顯然並非如此，因為早已有人呼籲應該限制年輕選手的用球數，並且提出「美國棒球協會」（USA BASEBALL）依據「運動醫學研究所」（ASMI）、「醫療與安全諮詢委員會」（MSAC）所做的投球研究報告以為建言。只是，主管青棒運動的「大人們」卻一付「言者諄諄，聽者藐藐」的樣態，只顧著用「討論很久，卻無共識」來搪塞，教練們也為了追求「校譽」（或說是保住自己飯碗？），拚命讓球隊中已經疲累不堪的王牌投手繼續登板。說實在，對真正喜歡棒球、關心球員的球迷來說，這樣只論輸贏、不顧選手健康的比賽令人不忍卒睹，也因此，即使最後南英與穀保的冠軍戰再精彩絕倫，當看到洪嘉良又上場時，筆者寧願忍痛轉台。

高中棒球聯賽的問題無疑令人看穿台灣棒球欠缺遠見與專業素養的弊病。外國朋友所言甚是，這些年輕小將都是台灣棒球未來的希望，也是世界棒壇豐盛的資產，可惜「大人們」卻始終有眼無珠。過去多少台灣年輕的投手新秀因為在三級棒球時被頻繁使用，以致失去在國際棒壇發光發熱的機會？不少選手雖然被日、美職棒選中，最後卻因為舊傷復發而黯然退場，即使像王建民、郭泓志這樣能在大聯盟嶄露頭角的明星，也難逃年輕時過度操勞的傷害，使得他們璀璨的職業生涯必須歷經多次受傷的折磨，並被迫時時在舊傷的陰影中焦慮掙扎。

因此，現今很多美日職業球隊派員來台發掘新秀，多半會疑慮台灣球員曾被過度使用，以致不願給予太好的評價、輕易付出高額的簽約金。因為大人們的疏於保護，導致這些希望藉棒球追求人生夢想的年輕人在事業剛起步時便遭受某種程度的挫折，顯然是不公平且令人深覺遺憾的。

如果大人們有點遠見，應該會明白，培養出世界級的明星級球員，其榮耀將遠遠超越一時的高中聯賽冠軍。當王建民、郭泓志在世界最高棒球殿堂發光發熱之際，不僅提升我們的國家能見度，連帶他們出生的地方、原來就讀的學校，甚至棒球啟蒙教練等，也都紮紮實實地跟著沾光。如此看來，高中球隊的教練與師長、主管青年棒球運動的官員，與其把眼光滯留在國內的較場上，訢訢乎某個冠軍、某些補助，何不把魄力與專業施展到年輕球員們無可限量的未來呢？

二〇〇八年十二月廿日《中國時報》

後記

台灣長久以來有一種錯誤的棒球觀念，即只問眼前輸贏，不管球員將來職涯發展。這種欠缺永續經營的短視心態，從職棒到三級學生棒球，可謂司空見慣。特別是身負台灣國球扎根工作的學生棒球隊教練，經常為了爭取球隊榮譽，寧可冒著旗下選手可能嚴重受傷的危險，讓身心都尚在發育階段的小球員頻繁出賽，不少年輕有潛力的投手，連續幾天在場上投超過百球以上者比比皆是。有識者看到這種近乎殺雞取卵的作法，紛紛提出諍言，要求主其事的單位明文限制投手出賽頻率及投球數。直到二〇一一年，才終於有了明確保護年輕選手的作法。

關懷基層棒球

據媒體批露，由於經濟持續低迷，由數位熱心基層棒球的職棒選手發起、已經舉辦十四屆（今年為第十五屆）的「關懷盃三級棒球賽」正面臨經費吃緊的窘境，亟待各界熱情的贊助。筆者以為，這是政府應該適時伸出援手的時候了。

某回與詩人楊牧先生餐敘，他說：「棒球是非常重要的。」筆者深有同感。然則棒球對台灣究竟有多重要？看看過去三年王建民如何成為台灣的「民族英雄」便可知悉。當島內面臨經濟低迷、政治惡鬥、民生艱困的危機時，沉默的建仔以他凌厲的下沉球征服了世界棒球殿堂，一場又一場的勝投撫慰了多數台灣人焦慮不安的心情，大大緩和了社會的緊張氣氛。說得明白點，不僅百姓要感謝他，施政不力、鎮日只會為了政黨或個人利益吵吵鬧鬧的朝野政客更應該對他「磕頭頂禮」一番，因為若沒有他，島內將如一個膨脹已極的壓力鍋，一旦爆開來，後果真不堪設想。

當然，王建民會有今天的成就，除了他個人努力不懈以外，最根本的仍在台灣近百年的棒球發展，提供他技術養成的基石，讓他能在前輩的引領與指導下成長茁壯，換言之，沒有「少年建仔」，也不會有成年後揚威世界的Chien-Ming Wang；同樣的，沒有一代接一代的少棒球員，也不會有如今為我們爭取民族榮耀、為百姓渲洩心中煩悶的台灣棒球運動。準此，我們必須感謝把棒球帶進台灣的前行者，也應感謝過去推動並支持這項運動的官員與熱情球迷。

只是，受到諸多因素的拖累，台灣基層棒球正以驚人的速度衰退，許多培育棒球人才的名校，如華興、美和，也終敵不過環境的惡化而宣布解散球隊，職棒運動也因球星流失、球員簽賭而打得有氣無力。但相較於過去政府對棒球的熱情，後來的主政者似乎變得冷感許多，並不若以往般積極推動基層棒球運動，有時根本是不聞不問（只有拿到國際性獎牌時，才會湊過去沾點光）。很多地方政府有錢辦出國考察，卻不願拿錢補助中小學球隊，甚至連小球員為國出征的經費都要士紳代為籌措。既然打個球那麼拮据辛苦，學校乾脆解散球隊了事，雖說台灣的棒球界目前仍似人才輩出，但明顯已經在走下坡了。

筆者住在東部，曾有幸一睹「關懷盃」的比賽，對那些多數由原住民組成的少年棒球隊認真打球、進退有禮的表現印象深刻，它不僅帶給那些弱勢的偏鄉小孩一個功成名就的希望，更是延續台灣棒球百年基業的重要推手，說什麼都值得各界出錢出力、讓它永續經營下去。特別是隨便一個政策都要花掉數十億、百億的政府，只要分點「零頭」，就可以讓這個對台灣「國計民生」都貢獻良多的運動生機不斷，而這絕對是值得歌頌的「德政」。

很多事都會變，經濟起起落落、政客來來去去、執政的明天就可能下野、

事件點播

一九九四年，十八位出身台灣東部的職棒球星合組「太平洋職棒聯誼會」，由前兄弟王牌投手「假日飛刀手」陳義信擔任首屆會長，募資舉辦「關懷盃」學生棒球比賽，以回饋家鄉。初期該項比賽只有少棒，二〇〇二年後，陸續增加國中組及高中組賽事。但隨著台灣棒球環境惡化（主要是職棒簽賭連累），到了二〇〇八年，曾傳出協會因經費拮据而無法繼續舉辦的消息。所幸經過有心人士的多方奔走，「關懷盃」迄今仍是國內學生棒球非常重要的賽事。

尊貴的某日也恐會淪囚，升斗小民看這些都可以不必太在意。但始終為我們渲洩悶氣、寄託真情、召喚榮耀的棒球卻是不變的，所以絕對是大伙必須持續關心的事。美國職棒打了一百多年，不知為美國人驅散了多少生活上的烏煙瘴氣，即使遭遇二次世界大戰，大聯盟因此停停打打，他們也想辦法成立了女子棒球聯盟，以宣慰大眾因戰爭而撕裂的心。同樣的，對台灣來說，若沒有棒球，我們的生活將會變得何其苦悶！

二〇〇八年十二月廿四日《聯合報》

年輕好手不妨一試經典賽

即將參加第二屆棒球經典賽（WBC）的中華成棒隊在日前公布第一波入選球員名單，但連日來卻出現「離隊潮」，許多好手都紛紛婉拒徵召，特別是在海外征戰的「明星級」球員。職業球星不願參加經典賽，主要的原因都是考量賽事與正式的球季距離太近，除了擔心生理與心理的調整狀況外，更害怕若不慎受傷，整個球季就此報銷。有些旅外球員則正面臨升上另一層級的關卡，既是攸關自身的棒球前途，更必須謹慎小心，以免前幾年的努力功虧一簣。至於國內某些球團不願旗下球員參賽，大概也是基於目前中華職棒已屬慘淡經營，如果球員在比賽期間發生任何病痛，因而影響了球季的表現、拖累球隊戰績，那更是雪上加霜。

因此，我們似應體諒這些職業球員與球隊的苦衷，不必用什麼「民族大義」來苛責他們。不過，話說回來，經典賽也是一個好好表現自我的機會，甚至可能因此讓球探眼睛一亮，幫自己打開更寬廣的棒球之路，部分正期待更上一層樓的年輕選手大可積極去試看看。

以原中信鯨隊的倪德福為例，眼看球隊解散，他幾乎瀕臨失業邊緣，卻因去年在奧運亮眼的表現，讓美國職棒底特律老虎隊的球探看上，因此與他簽下直接從3A出發的優渥合約。這幾乎是台灣球員前所未有的待遇，雖然目前年薪不高，但只要他持續有好表現，卻可能創下台灣球員在小聯盟待的時間最短、便升上大聯盟的紀錄，而且未來的成績不見得會在王建民及郭泓志之下。準此，若國內若干正在小聯盟努力往上的爬的新秀，能把經典賽看作一次磨鍊、表現自己的機會，並不一定要急著退出。

至於已經在中職或日職揚名立萬的球星，其實也不必對經典賽過度謹慎。紅襪名投松坂大輔雖然在日本職棒即已十分受到大聯盟球隊的青睞，但若說他在第一屆經典賽的精彩表現，是令其身價更上一層的主要推力，相信多數球迷都不會反對。另一位球路怪異的下勾球投手渡邊俊介也因經典賽而受到西方媒體矚目，即使他當時的表現並未臻最高佳水準，但卻已引起大聯盟球隊高度的興趣。以此為鑑，國內一流的職棒好手又何必對WBC諸多顧忌呢？

雖然目前世界各國參加經典賽的球星有哪些人尚不算明顯，但從第一屆賽事的內容來推測，其水準應該不會低於本屆奧運。換言之，經典賽的比賽張力是最高層級的，能在賽事中有優秀的表現，等於是證明自己具備一流的身手，先替自己拿下進入世界棒球最高殿堂的資格。試想，如果你能在WBC三振A-Rod、吉特、鈴木一朗，或是從松坂大輔、列斯特（Jon Lester紅襪強力左投）手中打出滿貫砲，大聯盟的球探會不注意到你嗎？別忘了，陳金鋒也是因為從道奇鎖定的明日之星朴贊浩手中擊出全壘打（一九九八年曼谷亞運），因此開啟他美國職棒之路的。中華成棒眾家好手們，不妨放手一試吧？

二〇〇九年一月十八日《中國時報》

事件點播

二〇〇九第二屆棒球經典賽亞洲區賽事於日本舉行，當時不論旅外或在中職發展的許多明星球員，都基於各種考量而紛紛婉拒棒協的徵召，暴露出國內棒球界許多問題，值得深入省思。

中華隊兵敗東京

繼去年北京奧運敗給大陸隊後，參加第二屆世界棒球經典賽的中華代表隊昨日又在東京輸給中國，而且這次輸得更難看，全場僅擊出五支零星安打、得一分，卻被對手打出包括一支大號全壘打在內的九支安打，終場以四比一見負。

這場比賽，中華隊無論攻、守都不及彼岸，可謂輸得合情合理。中國隊雖然平均打擊能力並不突出，但卻十分有耐性，謹慎選球不輕易出棒，一旦球數落後給投手，便改用「巧打」——只求能擊到球，再藉腳程上壘（或至少可以製造我方守備壓力），第一局即因此取得一分的領先。守備方面也是各司其職、穩健從容，投手調度果斷而明確，可以說出打出了完整的「隊形」，即使實力不是上乘，要輕易打敗他們也絕非易事。上一場中國雖然輸給日本，但全場僅讓日本擊出五支安打，長足的進步令人刮目相看。

反觀中華隊，雖說這次的成員並非最佳陣容，且多為欠缺國際比賽經驗的年輕選手，本來各方就不看好；但許多明顯的缺點仍必須直言不諱，諸如跑壘速度太慢、守備積極度不夠（幾個內野短球都被上壘，第一局中外野手回傳本壘也嫌被動）、打擊又過於躁進、呆板（幾乎只會揮大棒，中心打者林益全前三打席竟都在第一球就出棒）等，不論技巧與觀念都明顯不如對手，輸球也就不令人意外了。

仔細觀察對韓國、大陸的兩場比賽，筆者深覺中華隊兵敗東京最大的癥結

心碎點播

二〇〇八年北京奧運會，中華棒球代表隊以七比八一分之差敗給中國隊，震撼全台，球迷為此感到驚愕，輿論也紛紛對「國球」的發展提出警訊。不意翌年在日本東京舉行的第二屆世界棒球經典賽，中華隊先是輸給南韓，繼而在三月七日慘遭中國以四比一淘汰，八個月內兩度成為棒球新兵中國隊的手下敗將，國內球迷不可置信之餘，甚至用「國恥」來表達內心的失望與憤怒。

乃在「管理」的問題。一般來說，棒球可分為「訓練」與「管理」二個層面，訓練著重在強化選手的基本技術，並改正其缺點，是偏個人的；管理則關注球隊的整體作戰能力，舉凡守備位置、打擊順序、投手調度等，務必將每個球員放在最合適的位置（球員也必須隨時認清自己在場上應該扮演的角色），以組合成最完整的隊形。此外，攻守觀念的建立、臨場戰術的調整、敵我雙方各項數據的比較、對手情報的蒐集與分析、應用等，也都是管理層面非常重要的工作，不僅教練必須留意，球員更是不可掉以輕心（君不見美國大聯盟球員上場前都要仔細研讀相關情蒐、細心觀察對手狀況或聽取隊友意見）。換言之，棒球比賽猶如大公司在商場上的作戰，缺乏精確的數字管理與臨場敏銳觀察、靈活的策略調整，絕對不可能贏球。

很顯然的，中華隊從過去到日昨的比賽，上自教練、下到球員，整個球隊的管理都不如日、韓，如今甚至也被昔日的「吳下阿蒙」中國隊超越。例如，明知中國隊強棒張銳擅打內角直球，第八局我們的投捕搭檔竟無視於情蒐，硬是塞了一個被他打成大號全壘打的內角速球；而打者在場上不能隨時觀察投手的弱點，只是一味地用蠻力猛揮，在在都顯示我們只是「空有技術」而已——

而「管理」是需要用頭腦的。

中國隊的進步正足以作為我們的借鏡與警惕。這次他們聘請了曾經是大聯盟教頭的美籍教練領軍，確實表現了極高的水準，讓我們見識到透過一流的管理，也能使身手並非頂尖的球員組成極具挑戰力的完整隊形。如果我們再不從管理的層面痛下功夫，或積極向外取經，恐怕未來我們遇到中國隊，將是輸多勝少，更遑論早已趕在我們前頭的日、韓了。

二〇〇九年三月八日《中國時報》

留住人才，刻不容緩

中華棒球代表隊兵敗東京，各方責備、檢討的聲浪湧至，提出不少值得深思的問題。依筆者陋見，我們是用二軍的陣容對上彼岸精兵之伍，實力既顯稍遜，輸球也就不必太感意外，這就像有時中華隊精銳盡出時，若遇到日本職業與業餘的混合隊，也經常能擊敗對手一樣。

當然，這並不表示我們能無視於台灣棒球衰退的危機，仍然必須虛心檢討技術與管理各層面的問題。只是，筆者深覺大家最該先問的一個問題是：為什麼我們會派出二軍的陣容？

很顯然的，癥結就在「人才流失」——或是被外人挖走、無法回國；或是諸多主、客觀因素的干擾，以致不願接受徵召。而造成這般窘境的主因，無疑便在國內棒球環境的日漸惡化，包括職棒運動的萎縮，以及政府相關部門長期的怠慢。

我們看日、韓都有不少旅外球員，但就算這類球員都不回國，也不會對他們組成堅強的勁旅造成太多的困擾，因為他們都有極為健全的職棒組織，也不會有像台灣職棒聯盟與棒球協會長期關係緊張、意見不合的僵局。正因我們的職棒暮氣沉沉，讓人看不到希望，所以有能力的球員只好遠渡重洋尋求運動生命的延續。域外求生既然不易，也就不太敢隨便放棄微弱的生存機會，去接受國家隊徵召；而留在國內的好手，又因職棒存續危在旦夕，更擔心為國出征若遇不可抗拒的負面因素打擊（如受傷、調整不及等），可能連基本生計都將不保，因此也只好婉拒出賽。再加上主導國內棒球運動的棒協態度漫散、與職棒聯盟長期的意見紛歧，更讓行政因素嚴重牽制組隊及訓練事宜。雙重負面因素夾擊，怎麼可能調整出像樣的國家代表隊？

據說「撞球神童」吳珈慶已決定出走星國（後入籍中華人民共和國），而去年榮獲LPGA年度冠軍的高球好手曾雅妮一度傳出也可能會到韓國打球。國內運動環境不佳，難以留住一流人才，看來不是只有棒球如此。需知體育是國家形象最好的行銷，絕對有助於我們擴展任何國際性事務，為台灣掙得可觀的利益，倘若政府再不好好正視並設法解決體育人才外流的問題，將來台灣將不可能再有任何運動可以在世界體壇與人一爭高下，這將是國家無可估量的損失！

二〇〇九年三月九日《聯合報》

中華隊能贏日本嗎？

第二屆世界棒球經典賽複賽最後一役，同時也是最受世人矚目、被喻為「亞洲版洋基V.S紅襪」的日、韓世仇之戰落幕，結果是由日本隊以六比二勝出。總計從公元二〇〇〇年迄今，韓國在四項國際棒球大賽（奧運、經典賽、世界盃及洲際盃）對日本的戰績是八勝七敗，明顯占了上風，特別是「層級」愈高的比賽，韓國贏得愈「兇」（經典賽是四勝三負，奧運則是三勝一負）。

不過，若仔細考究韓、日兩強對決的「內容」，無論在投手整體防禦率、打擊率及守備率，日本還是略勝一籌，這顯示韓國的棒球水準猶在日本之下，韓國教頭金寅植也承認這個事實。那麼，為何韓國能贏日本？

私意以為，關鍵即在「氣勢」與「鬥志」，換言之，就是絕不服輸的求勝意志。

自從三年前鈴木一朗一句「要讓對手感覺三十年內都贏不了日本」的「狂言」後，「阿里郎」舉國上下就被激起無限的憤怒，並將之與曾被日本統治的歷史仇恨緊密連結，轉化為球場上奮力一搏的氣勢，竟然真的讓一朗把狂言硬生生吞了回去，並因此引為棒球生涯的最大恥辱。沒錯，就是那種永不認輸的民族性格，所以他們才能在近三年的國際大賽中讓日本吃足苦頭。

看看韓國，想想自己……

阿里郎能在國際一流比賽打得桃太郎咬牙切齒，台灣能嗎？依我陋見，理論上能、技術上大概也能，但若把「鬥志」算進去，那恐怕是萬萬不能。本屆WBC預賽開打前，中華隊開拔至日本，先與日職巨人隊及西武軍進行二場熱身賽。第一場雖然輸球，但至少還不算難看；第二場遇到西武，結果是被打得七零八落。賽後西武教頭渡邊久信懷著「愛深責切」的心情（渡邊是郭泰源的好朋友，也曾到台灣打球），公開痛批中華隊沒有鬥志（特別是投手），根本是提早就認輸了。

沒錯，關起門來自省，中華隊的鬥志絕對比不上韓、日。過去我們的棒球代表隊經常只把目標放在「能贏韓國」便「心滿意足」（或說「達成使命」），因此一遇到日本最精銳的組合，便抱著「少輸為贏」的心態，完全不見背水一戰的勇武精神，以致幾乎是被桃太郎一路壓著打，偶爾贏個一場，便興奮得呼天搶地。一個最簡單不過的道理是：當你僅以第二名為假想敵時，永遠成不了第一名，這就是所謂的「取法乎上」。韓國始終把「亞洲第一」（甚至可能是「世界第一」）的日本當成唯一的對手，因此他們終於才有機會成為第一。

如今，中華隊不但打不贏韓國，甚至連中國隊都可以羞辱咱們，這是因為我們的目標竟然從原先「至少贏韓國」，變成「絕不能輸中國」，結果當然就是江河日下了。

要振興台灣的棒球嗎？韓國人在投手丘插國旗的舉動或許不足取，但是，他們那種「就是要贏你」、讓對手雖恨卻敬的決心與氣勢，絕對是值得我們效法的棒球精神，也絕對才是台灣國球復興的關鍵！

二○○九年三月廿二日《中國時報》

洋基新球場與中華職棒

斥資五百三十多億台幣打造的洋基新球場，昨日在王建民銳利的下沉球破空聲中正式啟用。來自太平洋東方島國的年輕人榮膺全球最具指標性新球場的啟動者，我們有幸成為這段將為後人永遠津津樂道的歷史之見證者，心中的歡喜與驕傲，已非三言兩語可以表達。只是，欣羨之餘，回望台灣職棒蹎踣坎坷的發展歷程，是否我們的政府及職棒主事者，能從New Yankee Stadium的開幕中獲得若干正面的啟示？

為了振興台灣的職棒及其他體育賽事，有立委提議將運動消費列入所得稅的減免扣除額項目中，這應該有助於提振中華職棒的景氣。不過，雖說國內的職棒規模無法與美國相提並論，但如果我們認真看看「山姆大叔」經營球場的手法，還是可以從中學到不少豐富看球樂趣的策略，並因此激昂球迷進場為球員吶喊的熱情。

依筆者實際觀察，「進球場」在美國並不僅只是為了觀賞精彩的比賽，它同時也是一個非常有趣的休閒活動與社交行為。以洋基球場為例，晚間七點開打的比賽，球迷除了可以提早幾小時到場觀賞球隊練球、與崇拜的球星互動外，並且可以在場內設置的餐廳吃吃喝喝，逛逛各式精美的紀念品店，或是看看展覽、到紀念碑公園走走，回顧洋基過去百年輝煌的歷史。家人、朋友在此間同樂，既享受休閒，亦能增進感情。

此外，球場設有包廂，供企業租賃，用來開派對招待客戶或犒賞員工，據說有不少大筆生意都是在球場包廂中談成的。新洋基球場不但增設了不少新的休閒娛樂及餐飲設施供一般民眾流連，更一口氣將包廂數增加到將近六十個，每個包廂一年租金高達八十五萬美金（約台幣二千七百萬），為球場賺進的銀子令人咋舌。

筆者以為，讓球場變得更好玩，能看比賽又能有吃有玩，絕對是號召球迷進場的上策，而若能想辦法吸引企業將球場當成「社交圈」，願意花錢招待客戶或員工，那更將對職棒票房產生極大的助益。如果立委真要推動「運動減

新洋基球場內豪華的紀念品專賣店。 攝影／陳怡霖

稅」的政策，或許可以認真考慮如何藉減稅來鼓勵企業以實際行動支持體育競技。

當然，上述的想像都必須從「球場」做起。坦白說，台灣的球場設施仍有許多待改善之處，即使是最新穎的澄清湖棒球場也不過就是個「看球」的場所罷了，談不上什麼額外的休閒娛樂。我們自然不需要花五百億去蓋一座球場，但若把那些浪費在「蚊子館」的錢集中起來，在北中南各蓋一座結合休閒旅遊與運動、社交的「棒球公園」（Ball Park）也絕非難事。政府老喊「擴大內需」，讓地方將錢做無謂的浪擲，不如設法集中資源，用在具有決定性意義的建設上，或許不見得能立見其功，但至少是個好的開始。

王建民的下沉球開啟了洋基與美國棒球的新頁，過去百年的榮耀未來百年的榮景在偌大的洋基球場中交會並現。什麼時候，我們也能有一座可以讓球迷流連忘返的球場，為它的歷史與輝煌低迴、喝采呢？

二〇〇九年四月五日《聯合報》

當小曹遇到鋒仔

兩個大聯盟級的球員，一個強投，一個強打，當他們在球場上相遇時，會是麼樣的光景？答案是：吸引爆滿觀眾進場狂歡、嘶孔，而這也是目前中華職棒最需要的激素。

且讓我們先回顧日昨稍早進行的美國職棒洋基對上金鶯（Baltimore ORIOLES）的比賽。第一局上半，一出局，一、二壘有人，洋基輪到剛從傷兵名單歸來的大球星A-rod。美聯東區戰績最爛的金鶯隊主場，已經有將近一個月的時間觀眾總是稀稀落落、意興闌珊，卻因洋基——特別是A-rod——的到訪而擠進超過四萬名的球迷。

場上的氣氛宛如即將爆發的火山，空氣中瀰漫著濃烈的煙硝味，此起彼落的驚呼聲反而使得關鍵的投打對決顯得格外冷寂而肅殺。眼見一記時速高達一五五公里的直球朝好球帶的內角直射而來，不到〇．四秒的剎那，A-rod豪邁一揮，扭曲變形的小白球就這麼痛苦地破空飛去，歪歪斜斜落在一百公尺外的觀眾席內。就像令人不可思議的電影情節般，A-rod竟在傷後復出的首打席、第一球就擊出致勝的三分全壘打。

看到這樣的結果，早餐店裡有球迷忍不住罵了一句「白目」，指的當然是金鶯的投手Jeremy Guthrie。不過，筆者卻在同時間心下低呼了一聲「帶種」，畢竟那種面對大聯盟最強打者卻毫無懼色、敢於對決的勇氣，絕非人人能有。在A-rod之前，Guthrie已經連續保送二人，他當然知道接下來的對手必定猜他第一球會投直球，閃躲嗎？不，才第一局，榮任球隊王牌的Guthrie豈可示弱？最後是拚輸了沒錯（第二次遭遇，他就用三振A-rod討回了顏面），但至少氣勢上可沒向對手低頭。

這就是棒球最好看的地方，宛若西部墾荒時期的鎗客決鬥，像鷹一樣銳利的眼神毫不逃避地對峙，屏氣凝神只為下一刻電光石火之際的生死交關，不論輸贏，只要勇於對決，都是英雄。投手當然也可以用刁鑽的變化球欺騙打者揮棒落空，但懂門道的球迷最愛看到的永遠是「直」來「直」往、要麼揮棒落空、要麼一棒擊沉的強力決鬥。

日昨天母棒球場湧進萬名以上的觀眾，為的只是想看兩位曾經馳騁於大聯盟戰場的陳金鋒與曹錦輝「男子漢」的決鬥。結果如何並不重要，享受那種暴雨將至、雷電交加令人驚心動魄的緊張氛圍，無疑才是吸引球迷買票進場的動因。陳金鋒說，很久沒有遇到像小曹這麼強的投手，讓他既興奮又過癮。同樣的，中華職棒也已經很久沒有這種「大聯盟式」令球迷痛快過癮的強力對決了，而這卻無疑是振興台灣職棒運動的「大力丸」。過去我們感嘆好球員紛紛被大聯盟球隊挖走，如今卻可以好好想辦法把一些旅外不順的球星網羅回來，讓球場上再度瀰漫巨星對決的煙硝味，重現過去那種為人津津樂道的「飛刀手」搦戰「金臂人」戲碼，這樣的中華職棒，才夠酷！

二〇〇九年五月九日

後記

當許多知名旅外球星剛回中職發展時，球迷無疑是十分振奮的，無不期待曹錦輝、張誌家這些曾經馳騁於美、日職棒殿堂的好手，能為持續低迷的中華職棒注入新希望與新熱情。筆者當時也跟一般球迷抱著相同的幢景，像個純真的孩童般引領期盼曹錦輝與陳金鋒的對決，讓台灣職棒有新的話題、新的氣象。可惜的是，曹、張二人終究還是讓球迷失望了，他們淪陷於物質的誘惑中，被設賭之徒收買，在球場上出賣了棒球高貴的靈魂。重讀此文，獲知小曹打假球時內心的激動與痛苦猶未稍減。

重返威廉波特

代表亞太地區角逐今年世界少棒聯盟（Little League Baseball）桂冠的桃園龜山國小棒球隊，很可惜在冠軍賽中以三分見負於美國隊，只拿下亞軍。不過，這已是我們自二〇〇三年重返威廉波特以來的最佳成績，而且今年適逢金龍少棒為台灣勇奪第一次世界少棒冠軍四十週年紀念，龜山國小的表現雖不免些許遺憾，但已是意義非凡。

對生活在民國六、七〇年代的台灣人而言，棒球不僅是民族榮耀的象徵，更是凝聚全民（包括海外華僑）意識的超強磁石。每當中華小將進軍歷史悠久的世界少棒聯盟（一九三九年成立）時，那種舉國沸騰、萬人空巷的盛況，較諸前二年的「建仔瘋」，可謂有過之而無不及。總計在四十年的參賽歷史中，除去一九九七至二〇〇二共五年未參與少棒聯盟任何賽事外，台灣共奪得十七次冠軍，更寫下許多至今仍膾炙人口的優異紀錄與精彩事蹟，包括：一九七一年的許金木力抗「黑人巨投」麥克．林登、林文祥（後改名為曾文祥）在一九七四年創下幾近九成的打擊率，以及陳昭安在一九七九年六局三振對手十八次的「超級完全比賽」……，不僅僅是非凡的棒球成就，更是夾處在威權統治與國際歧視雙重煎熬中的台灣人抑鬱心境的重要寄託。當然，棒球揹上國族榮辱的重擔，也是從那個時候開始。

如今，我們的少年重返威廉波特，或許已經很難再召喚三十年前那種由民族意識堆累出來的瘋狂熱情；但筆者認為，它依然十分重要且別具意義，特別是站在台灣棒球永續發展的層面上來看；更何況，棒球在台灣人心目中所象徵的國族榮耀，根本從未消失。

眾所周知，最近幾年台灣的成人棒球代表隊在世界重要的賽事中，表現總是令人失望，甚至二度見負於昔日「吳下阿蒙」的中國隊，使得很多島內球迷義憤填膺，並斥之為「國恥」，政府也在民意的壓力下，祭出多項措施，矢言要重振台灣棒球的雄風。在筆者看來，基礎棒球根基的流失，是導致我們成人棒球實力退步的主因之一，沒有良好的少棒養成環境，日後怎可能培育出一流的成棒選手？而鼓勵小選手爭取國際比賽的榮譽，不僅可以為他們建立一個努力打球的目標，營造真誠、高尚的棒球風氣，更能藉著一流的比賽培養他們的球技與正確的運動觀念，長大後成為台灣、甚至世界棒壇未來的中堅——這本即「世界少棒聯盟」成立的宗旨。

因此，雖然這次龜山國小沒能拿到冠軍，但已為台灣將來的棒球發展又增添了新血與信心，特別是他們努力拚戰的精神，應能感動那些成棒的選手，找回昔日為榮譽而戰的棒球魂。政府若真有心重振棒球王國的美名，應當好好表揚此次龜山小將們的優異表現，並勉勵國內的中小學球隊明年繼續挑戰世界冠軍，藉以鼓舞更多小朋友加入台灣棒球的新軍，開啟下一個四十年的金龍新紀元。

二〇〇九年九月二日《聯合報》

好球點播

世界少棒聯盟成立於一九三九年，中華少棒代表隊（時為台南金龍少棒隊）自一九六九年起參與該項賽事，並於首屆便勇奪冠軍。一九九七年，因遭聯盟指控不符「社區棒球」的組隊規定，台灣曾有五年未派隊參加，直至二〇〇三年才重返世界少棒聯盟所在的威廉波特，唯成績已不如以往出色。二〇〇九，代表台灣出賽的桃園龜山國小少棒隊，終於打進睽違已久的冠亞軍戰。

從倪福德談起

「土地公」倪福德登上大聯盟後，表現可圈可點，獲得美國媒體及球團高度的贊揚。大約與此同時，國內某報紙運動版以專稿分析了幾位曾經風光旅外的職棒球員返台發展後的成績表現，大多數都不盡理想，其中曾經旅日的吳思佑、林英傑、姜建銘等，防禦率都超過五（後二位甚至超過六），且敗投遠多於勝投，表現明顯比旅美返台的曹錦輝（四．〇一）、耿伯軒（三．九〇）差了一些。我頗好奇，這是偶然，還是有值得深入研究的空間，以做為未來想要旅外發展的年輕球員參考？

依我陋見，除去球員個人資質與健康因素，旅美球員返台後表現較佳，可能與兩國棒球環境及訓練觀念差異有關。根據一位長期遊走台、日、韓，為美國職棒物色新血的球探朋友觀察，日本職棒的訓練較為嚴格而刻板，美國則較自由、注重效率。若進一步說明，則日本對球員體能的要求標準非常高，且對投、打，乃至守備技術都有十分制度化的訓練規範。所以我們看日本球員的基本動作都非常類似，宛若一個模子刻出來般。台灣球員一旦旅日，除了要面對體能問題外，接下來要克服的，就是姿勢被不斷調整。這兩大要項對技術已經「定型」的運動員而言都是很大的挑戰，若能成功，則實力可能大增；但若調整失敗，往往連原來的球感都找不回來，落得進退維谷，最後慘遭球團釋出，曾經驚豔日職的「亞洲巨砲」呂明賜就是最典型的例子，而類似的案例，實不

事件點播

倪福德在中華職棒二〇〇五年選秀會第一輪被中信鯨隊以第三指名選中。向以投球姿勢怪異見稱，國內不少棒球專家都擔心其投球姿勢極易受傷。二〇〇八年鯨隊解散後，於中職特別選秀會中被兄弟象挑中，但未到球隊報到，曾引發若干風波。二〇〇九加入美國職棒底特律老虎隊（Detroit Tigers），從3A開始，翌年即登錄大聯盟出賽，竟以怪異的姿勢投出令人驚豔的成績。可惜後來漸走下坡，二〇一〇年底被老虎隊移出四十人名單，目前仍效力於老虎所屬3A球隊Toledo Mud Hens。而就在倪福德甫登大聯盟時，若干曾旅外的台籍球星卻先後返國發展，媒體比較旅日、旅美球員的表現稍有落差，其中若干環節，似值得探究。

勝枚舉。

比較起來，美國職棒明顯自由得多，打擊區的打者姿勢固然五花八門，投手丘上的「怪咖」也是屢見不鮮（例如這兩年威震大聯盟的巨人隊少年英雄Tim Lincecum，以及前洋基王牌「公爵」Orlando Hernandez），卻很少聽到誰曾經被強迫改造，這或許也與東、西方基本教育觀念不同有關。此外，美國職棒明顯較日本分工細膩，先發、中繼、救援角色分明，一般先發投手用球數多在一百球左右即有人上場接替；日職則很會「操球員」，主力先發投手投個一百三十球，甚至一百五十球可謂家常便飯，松坂大輔、達比修有都經常如此。另外，日本職棒投手定位較不嚴格，偶爾先發投手也會出現在中繼場合，守護神也得視情況中繼一下，被封為「大魔神」的前西雅圖水手隊日籍救援王佐佐木主浩就曾坦言，美國的投球環境較日本制度化。

這就令人不禁好奇，如果投球姿勢怪異、被指為隨時可能受傷的倪福德是到日本打球，會不會也被要求做姿勢的調整？或者一下跑去中繼、一下又先發出戰，且像以往旅日的台灣前輩般，被操到連手都抬不起來？（日本球員是從小就被操慣了，但台灣球員顯然就適應不良。）

據說，倪仔高中的教練曾經想改造他的怪投，但發現效果反而打了折扣，只好放棄。還好教練放棄改造，否則恐怕倪福德那宛如從背部投出的怪球，將失去令世界棒球高手眼睛一亮的機會。而是否他沒被日本職棒相中，反而是「好事」？至於對照那些返台發展的旅外球員，未來台灣的年輕棒球好手，該去日本，還是美國呢？國內的棒球專家們，能否做個研究，或是辦個討論會呢？

二〇〇九年九月九日

打造台灣的棒球電影

最近有部日本電影《菜鳥總動員》，描述一個高中棒球隊，從不良學生廝混的社團重返甲子園榮耀的奮鬥過程。由於全片充滿熱血精神，在傳統勵志情節中又深觸到日本文化的質性，因此轟動東瀛，締造票房奇蹟。

在美國、日本這般棒球深入生活與文化層面的國家，每隔一段時間就會有以棒球為主題的電影或其它文創作品——諸如漫畫、電視劇、小說、童書等——問世。比較起來，台灣在這方面就貧瘠得多。雖然過去曾有《紅葉小巨人》（一九八八年，棒球明星趙士強主演）、《校園大作戰》（二〇〇二，黃維德主演）二部電影及《紅葉傳奇》（一九九九，蕭菊貞執導）、《野球孩子》（二〇〇九年，沈可尚、廖敬堯導演）等優秀紀錄片，深深擄獲島內許多棒球熱愛者的心（《野球孩子》並獲得國際大獎肯定）；文壇也曾出現如劉大任、小野、劉克襄、詹偉雄等健筆書寫棒球文學；王建民揚威美國後，陸續又有蔡鵑如、曾文誠等專業棒球報導人的撰著出版……，唯整體看來，對一個自詡棒球為「國球」的國家而言，這樣的「成績」與美、日相形之下，可謂「慘不忍睹」。以電影為例，島內迄今卻仍未出現像《戰鼓輕敲》（*Bang the Drum slowly*，一九七三年由勞勃・狄尼洛主演）、《百萬金臂》（*Bull Durham*，一九八八年由凱文・科斯納主演）、及前述《菜鳥》等深具文化感染力的商業大片。

為何會如此？這迫使我們反思，台灣人真的熱愛、並瞭解棒球嗎？或者，國人對棒球的喜好，其實尚未深入文化的意蘊、沁入生活的底層？以致台灣藝文產業也不願或無法挹注太多心力在與棒球主題相關的作品上？

上述的因素其實是相互環扣的。雖然棒球在台灣已發展超過百年，但其所以興盛，主要是受到「國族榮耀」的牽引與拉抬，也因此，對多數國人而言，球賽始終難脫「輸贏／榮辱」的格局，往往只在乎結果，而忽略整個過程中所蘊含的啟示，諸如心理周折、環境挑戰、倫理衝突，乃至生存煎熬等與人的生命息息相關的諸多重要層面。換言之，我們似乎很少從棒球裡領悟生存的哲理，甚至，直到今天，多數人仍舊無視於棒球所深蘊的各項知識（物理、數學、經濟、心理、生理、文學、歷史……），不認為打棒球也是一項值得尊敬的成就。

這樣淺層的棒球「文化」（如果它還有文化可言的話）觸發不了文藝心靈，無法誕生好腳本，當然也就不可能有好電影，去啟發球迷、引領台灣的國球往更高的文化層次發展。難道我們真甘心看著過去百年先賢們所奠基的棒球事業，永遠只是在賭博的刺激下夾縫求生而已？

台灣首富郭台銘斥資千萬美金拍攝了《白銀帝國》，無論成績如何，對國片都深具激勵作用。是否哪天也有企業界人士願意如此大手筆，捐助國內有才華的電影導演，拍一部屬於我們自己的《棒球逐夢旅》？

二〇〇九年九月十九日

高中棒球該用木棒嗎？

今年十一月，台灣與日本的高中棒球隊將恢復交流，此時有媒體提到二〇〇七年亞洲青棒賽，日本因台灣堅持使用木棒，唯恐對年輕選手造成傷害，遂抵制比賽的情節。那麼，年底的台日青棒交流，到底該使用何種球棒？

高中棒球應使用鋁棒或木棒，近幾年在國際間引起廣泛討論，國內因自二〇〇四年青棒賽起區分木棒組與鋁棒組，因此也有不少的對立意見。主張使用木棒的人認為，鋁棒彈性係數較高，打出去的球力道強勁，對防守的青年球員威脅甚鉅，在國外就曾發生球員被鋁棒擊出的球打死的憾事；且木棒打擊較需要技巧，若能早點適應，對於球員未來升上成棒或轉入職業較具優勢。

持相反意見者則以為，木棒容易折斷，不僅經濟負擔重、不環保，且斷棒在球場造成的危險也不小。加上木棒揮擊更需技巧，導致投手多喜歡用變化球來讓對手打不好，這對青年投手尚在發育的手臂而言，絕對是個傷害。而近幾年高中球賽改用木棒後，打擊成績明顯不如以往使用鋁棒，也使得不少年輕好手信心大受影響。

在筆者看來，兩造意見都有道理，但多方衡量，鋁棒似乎仍較適合高中生。

固然，鋁棒的剛性是比木棒高，因此球在碰觸後會因反作用力大而飛得較遠較強；但若是降低其彈性係數，那麼就能有效縮短其與木棒間的差距。二〇〇一年，美國大學棒球聯盟（NCAA）就限制鋁棒的彈性係數（BESR）不可超過以木棒擊出的最高時速九十七英哩，經美國國家消費者產品安全委員會（National Consumer Product Safety Commission）研究證實，鋁棒在這樣的條件下並不會比木棒擊出的球造成較大的意外傷害。

此外，就一般狀況來看，木棒接觸球的時間會較鋁棒為長，對手腕及手肘造成的壓力相對較大；加上棒子較重，揮擊時必須更用力，這對肌肉骨骼尚在發育的高中生而言，受傷的潛在威脅也就愈高，此即日本反對中學生用木棒打擊的主因。又因木棒的「甜蜜點」（sweet spot，即能將球擊遠擊強的區域）

較小，需要更多的打擊技巧才能因應不同球路，所以只要投手多用變化球，基本上技巧不純熟的高中生根本很難打好。這種特性容易誘使年輕投手捨快速球而大量使用對手臂傷害度較高的滑球、曲球等，實非重視基層棒球者所樂見。

而如果我們再考慮環保及經濟因素，鋁棒耐用度遠高於易斷的木棒，似乎就更占上風了。如果只是為了讓高中球員未來改打木棒時能快點適應，就早早要求他們用木棒打擊，筆者以為理由稍嫌牽強（不如從少棒就開始用木棒）。美國的大學棒球目前仍在使用鋁棒，但球員為了將來能適應木棒，多會用重量較重、彈性係數較低的鋁棒，以磨鍊打擊能力。以此為鑑，提早改用木棒並非唯一且正確的選擇。

二〇〇九年九月三十日

（後記）

掠過球場的光影

若非印刻文學的總編輯初安民先生垂青，我這本小書是不可能問世的。

一回與作家陳列先生餐敘，他向我提及初總編要他代詢，是否我願意把過去幾年所寫的棒球雜文集結出版。乍聽這個消息，我感到十分不可置信，因為我與初安民先生完全不識，文筆也只算差強人意，甚至沾不到文壇一點邊，說什麼都不可能引起像印刻這麼知名、專業的文學出版社注意。加上深怕自己拙劣的文章會壞了印刻文學的招牌，因此便恭恭敬敬地覆了封信給初總編，表明不敢妄想出版的心意。

卻沒想到初總編竟也十分認真地回了信給我，略謂這個出書的構想絕非隨便說說，盼我少加考慮。幾經猶豫琢磨，也趁一次開會時徵詢系上同事、亦是文壇一流寫手的吳明益老師的看法，他熱切鼓勵我不妨一試，一句「這些評論就像某種歷史光影」的話打動了我，也助我克服了毫無自信的忐忑。

本書所集結的文章，主題都是棒球，泰半曾發表於《中國時報》或《聯合報》的論壇，其餘則是我平日閱報或看球賽的心得，有些曾經投書但遭退稿，若干則始終躲在電腦中未見天日。趁著這次「印刻文學」抬愛，不揣固陋一起收錄，誠摯盼望能得到讀者的共鳴或指教。

我不是專業的球評，對棒球的知識也相當有限，純粹是因自小喜愛看棒球、玩棒球，又固執地以為百無一用的書生，應該多少對這個社會發表丁點關懷，因此大膽藉著粗糙的文筆，希望透過對棒球的觀察折射出些微的個人理想性臆見，終極的期盼乃在有一天，我們的社會，可以像看球賽時沒了煩憂、似挺建仔般上下一心，而且，用鑽研棒球理性、專業的精神去看待每一件事，不再「理盲」、「濫情」。

感謝初安民學長（他比我早幾年自成大中文系畢業）的垂青，也感謝明益的鼓勵。特別他在我因欠缺自信而不知該向誰求序時，一口便應允為這本雜文集寫些開場好話，讓我原本平淡的文輯頓生了許多精神，增添了幾分可讀性。我的學生叮噹（她本名丁瑛芳，以成為一個導演為職志），在聽說我將出書的消息時，特地寄了封電郵來，提到：

> 因為看到吳老師為你即將出版的新書寫的序，
> ……有幾件事情要跟你分享。
>
> 上次在野學堂，小野老師給我們去年優良電影劇本的入圍作品簡介，
> 我們發現不少關於棒球的入圍劇本，而且都有很不錯的成績，
> 我想台灣棒球電影大概開始起步了。
> 吳老師在文章裡面提到Baboo的〈棒球狂〉，
> 我忽然想到在這個尷尬的年代，有另外一首〈野球狂之詩〉，
> 是由獨立樂團八十八顆芭樂籽所寫的。……

她還怕我聽不懂芭樂籽的歌，特地隨信錄了歌詞，那種貼心所帶來溫暖，不僅令我感動莫名，更高興於原來台灣還是有很多年輕人在關心棒

球，為它深情而心碎，為它滿懷希望。

大多數的時日，我只是個蝸居在七坪不到的研究室、鎮日奔波於教學、研究、行政事務，為家計而掉髮日益嚴重的蛋頭學者罷了。即使再喜歡棒球，工作及家庭的重擔，猶不容許我對它耗去太多時間，因此本輯中的文章，幾乎都在倉促中寫成，錯誤絕對難免，知我罪我，實亦有待讀者不吝匡正矣！

二〇一〇年五月十八日

INK PUBLISHING
Champion 06
坐在外野的看台上

作　　者　許又方
總 編 輯　初安民
責任編輯　陳健瑜
美術編輯　黃昶憲
校　　對　陳健瑜

發 行 人　張書銘
出　　版　INK印刻文學生活雜誌出版有限公司
新北市中和區中正路800號13樓之3
電話：02-22281626
傳真：02-22281598
e-mail : ink.book@msa.hinet.net
網　　址　舒讀網 http ://www.sudu.cc

法律顧問　漢廷法律事務所
劉大正律師
總 代 理　成陽出版股份有限公司
電話：03-2717085（代表號）
傳真：03-3556521
郵政劃撥　19000691 成陽出版股份有限公司
印　　刷　海王印刷事業股份有限公司

出版日期　2011年8月　初版

ISBN　978-986-6135-43-9

定價　280元

國家圖書館出版品預行編目資料

坐在外野的看台上 / 許又方著 .一
初版 .　—新北市中和區：INK印刻文學 ,
2011.8　面；　公分. —（Champion；06）
ISBN　978-986-6135-43-9　（平裝）
1.王建民　2.運動員　3.台灣傳記
783.3886　10012806